MW01717578

Eine Arbeitsgemeinschaft der Verlage

Böhlau Verlag · Köln · Weimar · Wien
Verlag Barbara Budrich · Opladen · Farmington Hills
facultas.wuv · Wien
Wilhelm Fink · München
A. Francke Verlag · Tübingen und Basel
Haupt Verlag · Bern · Stuttgart · Wien
Julius Klinkhardt Verlagsbuchhandlung · Bad Heilbrunn
Lucius & Lucius Verlagsgesellschaft · Stuttgart
Mohr Siebeck · Tübingen
C. F. Müller Verlag · Heidelberg
Orell Füssli Verlag · Zürich
Verlag Recht und Wirtschaft · Frankfurt am Main
Ernst Reinhardt Verlag · München · Basel
Ferdinand Schöningh · Paderborn · München · Wien · Zürich
Eugen Ulmer Verlag · Stuttgart
UVK Verlagsgesellschaft · Konstanz
Vandenhoeck & Ruprecht · Göttingen
vdf Hochschulverlag AG an der ETH Zürich

UTB Profile

Willem van Reijen

Martin Heidegger

Wilhelm Fink

Der Autor:
Willem van Reijen (1938) studierte Philosophie, Psychologie, Pädagogik und Germanistik in Löwen (Belgien) und Freiburg i. Br.
Er promovierte 1967 in Freiburg i. Br. Von 1968 bis 1975 arbeitete er als Wiss. Assistent an den Universitäten Stuttgart und Heidelberg. 1975 habilitierte er sich in Stuttgart. Ab 1975 Übernahme einer Dozentur, ab 1985 des Lehrstuhls für Sozialphilosophie und politische Philosophie an der Philosophischen Fakultät und an der Sozialwissenschaftlichen Fakultät der ›Universiteit Utrecht‹ (Niederlande). Seit 2001 Honorarprofessor an der Albert-Ludwigs-Universität zu Freiburg i.Br. Im Wilhelm Fink Verlag erschienen: *Die authentische Kritik der Moderne* (1994) und *Der Schwarzwald und Paris. Benjamin und Heidegger* (1998)

Bibliografische Information der Deutschen Nationalbibliothek.

Die Deutsche Nationalbibliothek verzeichnet diese Publikation in der Deutschen Nationalbibliografie; detaillierte bibliografische Daten sind im Internet über http: //dnb.d-nb.de abrufbar.

© 2009 Wilhelm Fink GmbH & Co. Verlags-KG
Wilhelm Fink GmbH & Co. Verlags-KG, Jühenplatz 1–3, 33098 Paderborn
ISBN: 978-3-7705-4715-9

Das Werk einschließlich aller seiner Teile ist urheberrechtlich geschützt. Jede Verwertung ausserhalb der engen Grenzen des Urheberrechtsgesetzes ist ohne Zustimmung des Verlages unzulässig und strafbar. Das gilt insbesondere für Vervielfältigungen, Übersetzungen, Mikroverfilmungen und die Einspeicherung und Verarbeitung in elektronischen Systemen.

Printed in Germany
Satz: Ruhrstadt Medien, Castrop-Rauxel
Reihenkonzept und Umschlagentwurf: Alexandra Brand
Umschlagumsetzung: Atelier Reichert, Stuttgart
Herstellung: Ferdinand Schöningh GmbH, Paderborn

UTB-Bestellnummer: ISBN 978-3-8252-3162-0

Inhalt

Für Angelika

Marcus Düwell, Wolfgang Eßbach,
Christa Karpenstein-Eßbach, Tobias Keiling,
Rainer Marten und Diethard Sawicki
danke ich für Anregungen und Kritik.

Warum Heidegger?

Martin Heidegger (1889-1976) gehört zu den berühmtesten und meistzitierten Philosophen des 20. Jahrhunderts. Sein Ruf ist allerdings nicht unumstritten. Für viele ist er der große Erneuerer der Philosophie. In seinen eigenwilligen Interpretationen der Fragmente der Vorsokratiker, den Auseinandersetzungen mit Platon und Aristoteles, Kant und Nietzsche, vor allem aber in der Originalität seines eigenen Denkens sehen seine Anhänger einen überzeugenden Neuanfang des philosophischen Denkens. Seine Gegner kritisieren den philologisch fragwürdigen Umgang mit den Griechen und die selektive Lektüre der modernen Klassiker. In Heideggers Bezug auf das »Wesen« sehen sie, wie Habermas, eine mystifizierende Geheimlehre und eine Bedrohung der Errungenschaften der Aufklärung. Was seine »Erben« anlangt, fällt das Urteil der Kritiker nicht weniger vernichtend aus. In den Ansätzen der sogenannten Neostrukturalisten wie Derrida, Lyotard und Deleuze mit deren an Heidegger anschließenden Ablehnung der klassischen zweiwertigen Logik (wahr/falsch, gut/böse usw.) und ihrem Misstrauen gegenüber dem Prinzip des Erkenntnisfortschritts durch Diskurs und Argument wittern sie eine Absage an jede rationale und verbindliche Konzeption von Wahrheit.[1] Für sie und andere ist es kein Zufall, dass Heidegger sich 1933 für den Nationalsozialismus engagiert und damit sein Denken als rassistisch und totalitär entlarvt hat. Ist seine Philosophie, so fragen sie, die Konsequenz seiner totalitären politischen Überzeugungen? Hier sind es vorwiegend, wenn auch nicht ausschließlich, französische Autoren, die Heideggers Engagement für den Nationalsozialismus bagatellisieren oder vorbehaltlos entschuldigen, während andere ihrer Landsleute ihm vorwerfen, dass er nie einen Satz geschrieben habe, der nicht antisemitisch und nationalsozialistisch gewesen sei.[2] Die Sekundärliteratur zeigt auf jeden Fall, dass kein anderer Philosoph seine Leserschaft so stark polarisiert hat wie Heidegger.

Ich betrachte es als meine Aufgabe, hier einen systematischen Zugang zum Werk Heideggers zu erschließen, der es ermöglicht, seine Arbeit von den Anfängen bis zu den Spätschriften als Manifestation einer philosophischen Grundüberzeugung zu verstehen, die durchgehend in allen Texten, mal mehr, mal weniger explizit, aber immer rekonstruierbar zum Ausdruck kommt. Ein Schwerpunkt liegt darauf, nachzuweisen, warum und wie Heidegger sich gegen die philosophische Tradition und gegen Politik und Kultur der Weimarer Republik absetzte.

Schon *Sein und Zeit* (1927), das einzige *Buch*, das Heidegger zu Lebzeiten veröffentlichte, begeisterte deswegen anfänglich so viele Zeitgenossen, weil es Alltagserfahrungen wie das Hantieren mit Gegenständen, die Sorge, das Miteinander, die Entfremdung (das »Man«) und den Tod philosophisch ernst nahm. *Sein und Zeit* beabsichtigte denn auch nicht weniger, als eine Revolution zustande zu bringen – und dieser Versuch war erfolgreich. Auch dann, wenn hellsichtige Kritiker wie Herbert Marcuse schon bald feststellten, dass die Rezeption sich über die wirkliche Alltagstauglichkeit der Heideggerschen Analysen täuschte.[3]

Die in *Sein und Zeit* praktizierte Verflüssigung oder De(kon)struktion der gängigen philosophischen Dogmen geht einher mit der Durchführung eines radikalen Denkens, das Wahrheit als die Frage nach dem Sinn von Sein versteht. Systemimmanente Probleme zwangen Heidegger allerdings schon bald, den eigenen Ansatz einer Revolution, der berühmten »Kehre«, zu unterziehen (siehe S. 95 ff.). Es ist unumstritten, dass Heidegger von Anfang an und bis zuletzt der Tradition vorgeworfen hat, bei dem Versuch, festzustellen, was Wahrheit ist, die Wahrheit und damit das Sein als unveränderlich und ewig verstanden zu haben. Damit habe sie aber verkannt, dass Sein und Wahrheit mit der *Zeit* zusammengedacht werden müssen. Das Scheitern der Tradition hatte zwei Konsequenzen:

1. Die Frage nach dem Sein und der Wahrheit wurde nicht nur nicht angemessen gestellt, sondern vergessen. Das führt dazu, dass wir uns seit Platon im Irrtum befinden. Wir meinen zu wissen, was wir tun, wenn wir denken, nämlich das Sein und die Wahrheit festzustellen, aber wir sind durch das Vergessen verblendet. Schlimmer noch ist, dass wir dieses Vergessen vergessen haben, denn das macht die Verblendung hermetisch.
2. Dadurch, dass wir das Sein nicht im Horizont der Zeit, sondern als ewig und unveränderlich denken, erstarrt nicht nur das Gedachte, sondern auch unser Denken. Die Wahrheit des Denkens wird ausschließlich daran gemessen, ob es Feststellungen und Definitionen liefern kann, ob es anwendungsfähig sei. Damit wird es selbst festgelegt und unbeweglich. Gegen die Erstarrung der Konzepte des Seins, der Wahrheit und des Denkens selber setzt Heidegger auf Bewegung. Diese philosophische Bewegung muss eine sein, die sich einer »Feststellung« und Definition entzieht.

Heidegger fasst diese Bewegung als eine Revolution, die auf Dauer gestellt wird und nichts, eben auch nicht das eigene Denken, ausschließt.

Er verknüpft sie mit einem Konzept von Selbstreflexion, in dem das Fragen, das Gefragte und Erfragte nicht von einander zu unterscheiden sind. Das Denken wird zirkelhaft, selbstreferentiell – es findet keinen Ruhepunkt. Heideggers philosophische Revolution ist wörtlich zu nehmen, sie ist eine dauerndes »In-sich-Kreisen«. Die Bewegung führt zu ihrem Anfang zurück und soll, so widersprüchlich sich das anhört, beim Anfang bleiben, indem sie diesen permanent vor sich hat.[4]

Diese Struktur des »In-sich-Kreisens« wird ergänzt durch eine weitere Dynamik. Es handelt sich dabei um die Wechselwirkung zwischen antagonistischen Kräften. Die Extreme schlagen nämlich in einander um – und zwar in Permanenz. Sein und Nichts, Wahrheit und Unwahrheit sind für Heidegger solche Extreme. Je für sich genommen sind sie im traditionellen Denken erstarrt. Sie sind gegeneinander abgegrenzt, festgestellt und definiert. In der Tradition galt, dass die Extreme, allein schon wegen des Verbots des logischen Widerspruchs, auseinandergehalten werden mussten. Es galt ein »entweder – oder«. Sie sind nach Heidegger aber nur dann als wesentlich oder eigentlich zu denken, wenn sie sich auf ihr Gegenteil beziehen, und zwar so, dass sie selbst zum Gegenpol ihrer selbst werden. Das ereignet sich in einem Umschlagspunkt. Wir können uns diesen sowohl innerhalb eines der beiden Pole als auch in der »Mitte« zwischen ihnen, in der »(In-)Differenz«, wie Heidegger das nennt, vorstellen.

Wenn wir diese Bewegung so zu denken versuchen, dann zeigt sich, dass die Extreme, wie die Tradition sie dachte, erstarrt sind, dass sie die auskristallisierten Momente des Antagonismus und damit ihrem wahren Selbst entfremdet sind. »Wahrheit« und »Un-Wahrheit«, wie Heidegger sie denkt, sind ein Beispiel für diese Sicht auf Extreme. Wenn Heidegger sagt dass die »Wahrheit« zugleich die »Un-Wahrheit« ist, macht das nur dann Sinn, wenn wir wissen, dass er »Wahrheit« und »Un-Wahrheit« je für sich als das »Zugleich« von »Ent-bergen« und Verbergen denkt. Heidegger versucht dann weiter zu zeigen, dass das »Ent-bergen« sich verbirgt und dass das »Verbergen« sich entbirgt. Das »Zugleich« der widersprüchlichen Bestimmungen »bewegt« das Denken und das Gedachte, verhindert, dass wir das, was unserem Denken zugrunde liegt, für eindeutig, definierbar und verfügbar halten. Das garantiert aus Heideggers Sicht eine maximale »Offenheit« für die Frage nach der Wahrheit. Seine Kritiker sehen darin ein Plädoyer für Ambivalenzen und Zweideutigkeiten. Aber die von Heidegger immer wieder betonte Identität jener Gegensätze, die für sein Denken konstitutiv sind – Sein und Nichts, Wahrheit und Un-Wahrheit – darf nicht vergessen werden, wenn wir seinem Denken gerecht werden wollen. Das gilt auch, wenn wir die Beziehung von Früh- und Spätwerk betrachten.

Auf die politische Dauerkrise der Weimarer Republik reagierte Heidegger mit entschieden revolutionären, antidemokratischen Vorstellungen und auf die kulturellen Tendenzen der Zeit mit antimodernen Ressentiments, die er übrigens mit vielen Intellektuellen seiner Zeit teilte. Große Übereinstimmung gab es mit den Intellektuellen der sogenannten Konservativen Revolution (wie Ernst Jünger, Hans Freyer, Carl Schmitt)[5], aber auch mit revolutionären, linken Denkern (wie Walter Benjamin und Theodor W. Adorno).[6]

Es wird sich allerdings zeigen, dass Heideggers politische Revolution nicht praktischer, sondern transzendenter Art ist. Politisch steht sie jenem rhetorisch starken, aber inhaltsleeren, auf »die Tat« und charismatische Entscheidergestalten fixierten Dezisionismus nah, der auch für die »Konservative Revolution« charakteristisch war. Karl Löwith sprach diesbezüglich von dem »inneren Nihilismus dieser nackten Entschlossenheit«.[7] Über diese Inhaltsleere kann auch die martialische Sprache des Frühwerks nicht hinwegtäuschen. Die Rede von Gelassenheit und Hüten kann ihrerseits allerdings ebensowenig die revolutionäre Dynamik im Spätwerk verhüllen. »Gelassenheit« bedeutet, anders als Morat (2007) meint, nicht nur Passivität, sondern ist eine höchste Form der Konzentration – der Offenheit für die Zuwendung und den Entzug des Seyns.

Heidegger im Profil

1

Sein und Zeit. Was ist der Sinn von Sein?

Die Vorgeschichte

Der große Erfolg von *Sein und Zeit*, gleich nach dem Erscheinen 1927, hat den Umstand verdeckt, dass dieses Werk eine lange Vorgeschichte hat.[8] Heidegger selbst erwähnt, dass sein Denken seit 1907 von Franz von Brentanos Dissertation, *Von der mannigfachen Bedeutung des Seienden nach Aristoteles* (1862) beeinflusst gewesen sei.[9] Die Rede von der mannigfachen Bedeutung des Seienden bei Brentano führe, so Heidegger, unausweichlich zur Frage, »was die leitende Grundbedeutung« sei, mit anderen Worten: »Was heißt Sein?«. Aber auch Husserls *Logische Untersuchungen* und Carl Braigs *Vom Sein. Abriß der Ontologie* (1896) prägten das Denken des jungen Heidegger. Besonders bedeutsam waren ihm die Arbeiten von Emil Lask (1875-1915), einem Schüler Rickerts und Husserls: *Die Logik der Philosophie und die Kategorienlehre* (1911) und *Die Lehre vom Urteil* (1912). Es war vor allem die »Zwiespältigkeit« in Husserls *Logischen Untersuchungen* (1900/01), die Heidegger beschäftigte: Einerseits versuche Husserl im ersten Band zu zeigen, dass Psychologie keine Grundlage für das Verstehen von Denken und Erkennen sei. Anderseits aber gehe er im zweiten Band von Bewusstseinsakten aus wenn er den Aufbau der Erkenntnis erkläre.[10]

Weiter wurde Aristoteles für Heidegger bedeutsam. Wie intensiv Heidegger über Aristoteles arbeitete, zeigt sich in der Abhandlung *Phänomenologische Interpretationen zu Aristoteles (Anzeige der hermeneutischen Situation)*, die Heidegger im Herbst 1922 verfasste.[11] Dieser so genannte Natorp-Bericht sollte Heideggers Bewerbungen in Marburg und Göttingen unterstützen, weil er nach der Habilitationsschrift nichts mehr veröffentlicht hatte. Neben den Bezügen der aristotelischen Philosophie auf das alltägliche Leben, die für Heidegger richtungweisend waren, sind zwei weitere Punkte zu nennen, die Heidegger beschäftigten: die von Aristoteles entworfene Hierarchie der Wissensarten, an deren Spitze die »erste Philosophie« steht und die These vom »unbewegten Beweger«. In

Sein und Zeit versucht Heidegger aus diesem Kontext heraus die These zu verteidigen, dass die Philosophie die Grundlage für das Wissen der (Einzel-)Wissenschaften bildet. Nur Philosophie kann zeigen, warum die Erkenntnisse der Wissenschaften wirklich wahr sind, sie liefert die Kriterien mit Hilfe derer wir zwischen Wahrheit und Unwahrheit unserer Urteile unterscheiden können.

Der zweite Punkt betrifft die von Aristoteles getroffene Unterscheidung zwischen *phronesis* und *sophia. Phronesis* können wir verstehen als praktisches Wissen, jenes Wissen, das sich auf Seiendes bezieht und zwar nicht nur auf alles praktisch relevante, sondern, in einem ethisch gehaltvollen Sinn, auf das »gute Leben« im Ganzen. *Sophia* dagegen ist das Wissen um das, was sich allen Veränderungen entzieht (das Sein). Dieses Wissen ist nun, obwohl höherer Art, doch nicht nur abgehoben von der *phronesis*, sondern leitet diese an; was bedeutet, dass die *phronesis* ihrerseits teil hat an der *sophia.* Für Aristoteles gilt aber letztlich, dass nur das Unbewegte oder Ewige das angemessene Thema für die *sophia* oder die *nous*, das Vernehmen, ist. Dieses Vernehmen, in der selbstreflexiven Steigerung die *noesis noeseoos*, das Vernehmen des Vernehmens, ist unbewegt, aber das, was alles Andere bewegt. In *Sein und Zeit* versteht Heidegger das Sein, wenngleich nicht als selbst bewegend, so dennoch in Anlehnung an Aristoteles als »Transcendens schlechthin«[12], aber nicht als etwas Unveränderliches. Die radikale De(kon)struktion des Aristoteles und seines eigenen Anfangs in *Sein und Zeit*, die Heidegger mit der »Kehre« vollziehen wird (siehe S. 95), zeichnet sich hier bereits ab. Denn schon das alltägliche, praktische Wissen (nicht nur die *sophia*) und der Umgang mit den alltäglichen Dingen sind selbstreflexiv. Es geht dem Dasein, wie Heidegger in *Sein und Zeit* sagt, um die Frage nach dem Sein, um den Sinn von Sein – und damit fragt das Dasein nach dem eigenen Sein. Das setzt voraus, dass das Dasein schon in den alltäglichen Stimmungen, die nicht psychologisch zu verstehen sind, als ein »Gestimmt-sein« auf das Sein bezogen ist, und im alltäglichen Reflektieren ein ungeklärtes Verständnis – ein vorontologisches Verständnis – von Sein hat. Nach 1934 radikalisiert Heidegger mit der »Kehre« das Sein als selbstreflexives in dem Sinne, dass es nun buchstäblich als Revolution in Permanenz, als fortwährender Umschlag von den Extremen Sein und Nichts gedacht wird. Das aber setzt voraus, dass nicht mehr vom alltäglichen Seienden, sondern vom Sein selbst, das Heidegger nun »Seyn« schreibt, her nach dem Seyn gefragt wird.

Heidegger wollte weiter nachweisen, dass die christliche Theologie von der Philosophie des Aristoteles, bzw. von deren mittelalterlichen Interpretation abhängig ist. Wenn die Philosophie eine eigene, vom christlichen Glauben unabhängige Position beziehen will, dann ist sie gezwungen, sich von dieser Theologie und damit von der christlichen Interpretation des Aristoteles zu verabschieden; oder, um es mit *Sein und Zeit* zu sagen, beide zu »destruieren« und zugleich neu zu konstruieren. Heidegger hat keinen Zweifel daran gelassen, dass *Sein und Zeit* alle christlichen Elemente aus dem Verstehen des Sinns von Sein eliminieren will. Es gehe dabei um nichts weniger als um die »Handaufhebung gegen Gott«.[13] Heidegger verneint, dass es sich dabei um einen Atheismus im herkömmlichen Sinn handele. Was hier und in *Sein und Zeit* auf dem Spiel steht, befindet sich jenseits des Gegensatzes theistisch–atheistisch.

Eine kurze Bemerkung zur Frage: »Was bleibt von Heidegger?« darf in diesen einführenden Überlegungen nicht fehlen. Auf diese Frage ist nur eine differenzierte Antwort möglich.

Die Fachwelt wird weiterhin Zeitschriften und Buchverlage mit Beiträgen zu Interpretationsfragen von *Sein und Zeit* und zu dem Thema »Heidegger und die Vorsokratiker, Aristoteles usw.« bedienen. Das *Heidegger-Handbuch* analysiert die Werke von mehr als dreißig berühmten Philosophen hinsichtlich ihrer Relation mit Heidegger. Darunter sind natürlich sowohl Protagonisten, wie entschiedene Gegner. Sachlich unumstritten ist Heideggers Einfluss auf die Hermeneutik, wie sie von Gadamer entwickelt und heute in Verbindung mit der Phänomenologie fortgesetzt wird.

Was die systematische Bedeutung des Heideggerschen Werkes betrifft, haben wir schon gesehen, dass die Idee der De(kon)struktion im französischen Sprachbereich sehr einflussreich geworden ist.

Eine weitere Frage betrifft den Einfluss des Anti-philosophen Heidegger.

Wie Wittgenstein und Nietzsche versucht Heidegger mit der Tradition zu brechen und bleibt doch gleichzeitig ein Teil von ihr. Es ist nicht vorherzusagen, was von Heideggers eigenwilligem Bruch mit der klassischen Rationalität bleiben wird. Die epochale Bedeutung von *Sein und Zeit* und die vielen Themen, die er kontrovers angesprochen hat, wie Sprache, Kunst, Verstehen, Geschichte, das Verhältnis von Erkenntnis und Lebenswelt, sichern seinem Werk auf lange Sicht philosophische Aufmerksamkeit.

Sein und Zeit

Das ist, im Vorgriff, das Programm von *Sein und Zeit*. Dieses Programm der De(kon)struktion wendet Heidegger nicht nur auf die Tradition an, sondern genauso gnadenlos auch auf sein eigenes Denken. Das ist der Grund dafür, dass Heidegger den zweiten Teil von *Sein und Zeit* nicht mehr nahtlos fortschreiben konnte. De(kon)struktion lässt sich nicht in der Form des Traktats, der diskursiven Rede durchführen. Es ist nicht zuletzt die Radikalität dieses Ansatzes, die immer wieder zu neuen Perspektiven und zu der ständigen Umwälzung der eigenen früheren Einsichten führt, die dem Denken Heideggers zu einer bleibenden Faszination verhelfen.

Nicht nur Aristoteles, auch das Denken der Vorsokratiker Parmenides, Heraklit und Anaximander werden für Heideggers Projekt bedeutsam. Hierin zeigt sich, in welchem Sinn das Denken Heideggers erst und vor allem geschichtlich – nicht historisch – ist. Historie ist für Heidegger die Verfallsform der Geschichte, sie interessiert sich für Datierungen, Epochen, Verträge und sonstige Fakten. Geschichtlich kann nur das heißen, was uns hilft, unsere heutige Position gleichermaßen von unseren Anfängen und unserer Zukunft her zu verstehen. Die vorsokratischen Philosophien betrachtet Heidegger daher als Anfänge, die nicht nur hinter uns, sondern auch vor uns liegen. Und hier schließt sich der Kreis. Vor dem Hintergrund aller historischen und philologischen Korrektheit in der Erforschung der Geschichte der Philosophie behauptet Heidegger, dass die einzige Frage, auf die es in der Philosophie ankomme, die Frage nach dem Sein, nie gestellt wurde. Die Vorsokratiker haben, so wird Heidegger später argumentieren, die Frage nach dem Sein zwar erfahren, aber nie gedacht, und Platon und Aristoteles haben sie dann vergessen. Die Rezeption der aristotelischen Philosophie in der christlichen mittelalterlichen Theologie entzieht die Frage nach dem Sein dann endgültig unserem Denken. Heidegger: Wir haben vergessen, dass wir die Frage nach dem Sein vergessen haben.

Gegen dieses doppelte Vergessen bringt Heidegger mit *Sein und Zeit* die Rückkehr zur anfänglichen Frage nach dem Sein ins Spiel. Diese lässt sich nur erfolgreich stellen, wenn wir gegen den Verlust des Nachdenkens über unsere alltägliche Umwelt und unserer praktischen Beziehung zu ihr die fundamentale Frage nach dem Dasein und dem Sein stellen. Das nennt Heidegger *Fundamentalontologie*. Fundamentalontologie zielt auf zweierlei:

1. Zu zeigen, dass das Dasein, in seiner praktischen Orientierung (und nicht in seiner theoretischen Kompetenz) die Grundlage für die Frage nach dem Sinn von Sein ist.
2. Nachzuweisen, dass das Dasein bei dieser Frage selbstreflexiv verfährt, nur auf sich zurückgreift. Die praktische Orientierung ist selbst be-

reits vorontologisch. Dabei ist es weiterhin so, dass die Fundamentalontologie jene Wissenschaft sein soll, die alle anderen Wissenschaften begründet.

Es ist nun entscheidend, zu sehen, dass Heidegger mit dem Terminus Fundament aber nicht auf etwas Feststehendes, Zugrundeliegendes zielt, sondern auf etwas, das ständig in Bewegung ist. Dasein muss als Thema der Fundamentalontologie, von der Zeit her verstanden werden. Der Titel unter dem das präsentiert wird heißt ja *Sein und Z e i t*. Damit macht Heidegger einen revolutionären Anspruch geltend, galt doch in der Tradition der Ontologie, dass nur das Unveränderliche, sich ewig gleich bleibende Sein das ausschließliche Thema des höchsten Denkens sein konnte.

Für Heidegger ist es die Zeit, die das Sein und damit den Sinn von Sein konstituiert. Wesentlich für das Verständnis von Sein ist die Einsicht, dass das Sein untrennbar mit dem Nichts verknüpft, ja davon durchzogen ist. Unser Dasein ist wesentlich durch die Möglichkeit und die Realität des Nicht-seins bestimmt. Der Tod ist die jede Sekunde präsente Möglichkeit des Nicht-seins. Realität ist das Nicht-sein selbstverständlich in dem Sinn, dass wir wissen, dass es uns lange Zeit vor unserer Geburt nicht gegeben hat und dass es eine lange Zeit geben wird, in der wir nicht mehr da sein werden. Wir können ebenso sagen, dass wir in das Nichts hineingehalten sind, wie dass das Nichts uns durchdringt. Weniger pathetisch: Dasein ist durch und durch zeitlich. Der Sinn von Sein besteht also darin, dass wir das »Andere« zum Sein, das Nichts, ständig präsent halten – wir sind nur dann eigentlich, wenn wir Sein-zum-Tode sind. Das ist aber nicht als Lähmung oder Erstarrung zu verstehen und zu praktizieren, sondern als äußerste Bewegtheit, nicht im emotionalen Sinn (gute Stimmung), sondern als Gestimmt-sein, als fortwährende Selbstreflexion, die uns für die Präsenz der Möglichkeit und Unmöglichkeit des Seins öffnet.

Dieses Offenhalten der Frage nach dem Sein verwirklicht sich als *Verstehen* der Faktizität des Daseins. Was heißt das? »Verstehen« ist der Terminus, mit dem Heidegger seine Überlegungen an die klassische Hermeneutik anschließt. Die Hermeneutik Friedrich Schleiermachers war dem ehemaligen Theologiestudenten Heidegger präsent.[14] Auch von ihr lernte Heidegger, die geschichtliche Perspektive im Sinnverstehen ernst zu nehmen. Er kombinierte sie mit der phänomenologischen Forderung: »Zu den Sachen selbst«. Diese »Sachen selbst«, die bei Husserl als die Bewusstseinsinhalte oder Vorstellungen der alltäglichen Dinge bedeuten, treten bei Heidegger als Faktizität, das heißt als Gelebtes und Erlebtes, kurz: als Leben in Erscheinung. Dabei hält Heidegger alle biologischen Assoziationen fern. Dieser Distanzierung bleibt er auch während seines nationalsozialistischen Engagements treu, was ihn davor bewahrt, den biologisch rassistischen Optionen der Nazis zuzustimmen.[15] Zum ersten Mal ersetzt Heidegger »Leben« durch »Dasein« in seiner Vorlesung des Sommersemesters 1925 mit dem Titel *Prolegomena zur Geschichte des Zeitbegriffs* und bestimmt »Dasein« als In-Bewegung-sein und als Faktizität.[16] Heideggers Denken in *Sein und Zeit* können wir also als phänomenologische Hermeneutik der Faktizität,[17] oder auch, mit dem Titel der Vorlesung aus dem Sommersemester 1923, als *Ontologie. (Hermeneutik der Faktizität).*[18] bezeichnen. Das gilt allerdings nur für den veröffentlichten Teil von *Sein und Zeit.* Der zweite Teil sollte die De(kon)struktion der überkommenen Philosophie vollenden. Wir dürfen wohl sagen, dass diese die wahre Zielsetzung Heideggers war. Die Hermeneutik der Faktizität ist als Vorbereitung dieser revolutionären Absicht zu werten.

Warum geht es bei dieser Ontologie? Wer § 8 von *Sein und Zeit* aufschlägt, sieht nicht nur, worum es geht, sondern auch, worum es hätte gehen sollen. Er sieht vor allem, dass von dem geplanten zweiten Teil nichts sofort veröffentlicht wurde und dass vom ersten Teil nur die ersten zwei von drei Abschnitten erschienen sind. Die Ausarbeitung des dritten Abschnitts des ersten Teils, das als *Zeit und Sein* angekündigt wurde, brach Heidegger ab und ersetzte diesen Abschnitt durch *Grundprobleme der Phänomenologie,*[19] eine Vorlesung die er im Sommersemester 1927 in Marburg hielt.

Der zweite Teil hätte drei Abschnitte enthalten sollen, in denen Heidegger eine Auseinandersetzung mit Kant, Descartes und Aristoteles plante. Auffällig ist, dass Heidegger die Geschichte der Philosophie von der Moderne rückwärts zu den Griechen aufrollen wollte. Der erste Abschnitt, *Kant und das Problem der Metaphysik,* wurde zunächst in einer Vorlesung im Wintersemester 1925/26 entwickelt, dann in den berühmten Diskussionen mit Ernst Cassirer in Davos (1929) vorgetragen und im selben Jahr separat veröffentlicht. Erste Hinweise auf den zweiten Abschnitt enthalten die Paragraphen 19 bis 21 in *Sein und Zeit.* Der dritte Abschnitt des zweiten Teils ist vermutlich jener Text, zu dem die *Phänomenologischen Interpretationen zu Aristoteles*[20] die Vorstufe bilden.

Sein und Zeit blieb also ein Torso. Das mag mit ein Grund dafür gewesen sein, dass Heidegger sein erstes und einziges Buch in einem Brief an Max Kommerell vom 4. August 1942 »eine Verunglückung« nannte; es »breche vor dem entscheidenden Schritt ab«.[21] Heidegger sah schon bei der Veröffentlichung, dass sich das Projekt nicht, wie ursprünglich geplant, durchführen ließ. Die »Kehre« macht dann deutlich, warum. Die Kurzformel, mit der man beschreiben kann, was sie beinhaltet lautet: Es genügt nicht, vom Seienden her nach dem Sein zu fragen – und das heißt auch: vom Dasein her nach dem Sein zu fragen, wie es *Sein und Zeit* versucht; man muss vielmehr vom Sein (Seyn) selbst her nach dem Sein fragen. Es geht hier allerdings nicht um einen bloßen Wechsel der Perspektive. Vom Seyn her zu fragen, heißt, von der Zeit her zu fragen – und mehr noch: von der ontologischen Differenz her fragen (siehe S. 29).

Die beabsichtigte Revolution gegen das Vergessen der Seinsfrage konnte Heidegger also nicht auf der Grundlage der klassischen Philosophie durchführen. Die Durchführung der revolutionären Kritik an der Tradition war zwar beabsichtigt, sprengte aber die verfügbaren Konzepte, Analysen und die diskursive Darstellung, wie es die *Beiträge zur Philosophie* und *Besinnung* dann ab 1936 zeigen. Wie sehr Heidegger allerdings von Anfang an schon auf diesem revolutionären Weg war, zeigt sich an der Bestimmung von »Sein« in den ersten Paragraphen von *Sein und Zeit.* Heidegger bemüht sich, zu zeigen, dass »Sein« nicht etwas ist, wonach man auf dieselbe Art und Weise fragen kann wie nach den Eigenschaften von Dingen gemäß den gängigen Urteilsformen. Zu sagen, dass etwas »ist«, weist auf eine Bedeutung hin, die anderer Art ist als jede Qualifikation im empirischen oder, wie Heidegger sagt, im »ontischen« Bereich. Das Urteil, dass der Tisch grün ist, bewegt sich im Ontischen. Es kann richtig oder falsch sein. Die Aussage, dass der Tisch »ist«, geht nach Heidegger über die Dichotomie richtig/falsch hinaus. »Sein« betrifft die Wahrheit der Aussage. Es geht hier um das Ontologische, das heißt um etwas Transzendentes. Wir erinnern uns: »Sein ist das transcendens schlechthin«.[22]

Dasein

Dieses Transzendente kann nur gedacht werden von einem Seienden, das eine Beziehung zu sich selbst hat – das auf sich selbst reflektiert. Diese Seiende ist das Dasein. Das zentrale Thema in *Sein und Zeit* ist denn auch die *Daseinsanalyse.* »Daseinsanalyse« besagt, dass das Dasein nicht etwas anderes als es selbst zum Gegenstand hat, sondern sich selbst analysiert, und zwar permanent. Dasein existiert nur im Vollzug dieser Analyse. Mit Dasein meint Heidegger also nicht das traditionell gedachte Subjekt, sondern die Möglichkeit einer Selbstreflexion, die das Befragte, das Erfragte und das Fragen als Einheit fasst und diese nicht in abstrakten und generalisierenden Kategorien (Urteilen) fixiert. Wir stoßen hier abermals an zentraler Stelle auf eine höchst ungewöhnliche Vorstellung Heideggers. Es war bisher unumstritten, dass in philosophischen und wissenschaftlichen Untersuchungen Gegenstand, Methode und Hypothese klar unterschieden werden müssen. Mit seinem nicht unproblematischen Vorschlag, dieses grundlegende Selbstverständnis zu destruieren und an dessen Stelle eine selbstreflexive Beziehung von Fragendem, Befragen und dem Erfragten zu setzen, werden die Tradition und damit die gängige Logik herausgefordert. Die Texte, in denen sich die »Kehre« manifestiert, werden zeigen, welche Einsichten damit gewonnen werden können, aber auch welcher Preis dafür bezahlt werden muss. Einen kleinen Vorgeschmack bekommen wir schon in der Vorlesung des Sommersemesters 1927 (*Grundprobleme der Phänomenologie*) wenn Heidegger erklärt, dass es »im ekstatischen Wesen des Vergessens« liege, dass das Vergessen »nicht nur das Vergessene, sondern das Vergessen selbst vergißt«.[23] Heidegger wirft auf der Tradition vor, zum einen das Sein und zum anderen auch die Frage nach dem Sein zu etwas Seiendem, zu einem Objekt gemacht zu haben, damit der Selbstreflexion entzogen und das Dasein verdinglicht zu haben.

Sein, Dasein und die Frage nach dem Sein haben also einen besonderen Status, der sich als der Sinn von Sein verstehen lässt. »Sinn ist das durch Vorhabe, Vorsicht und Vorgriff strukturierte Woraufhin des Entwurfs, aus dem heraus etwas als etwas verständlich wird.«[24] Daseinsanalyse und Verstehen sind nie abgeschlossen, sie werden auf Dauer gestellt. Wenn Heidegger dies Fundamentalontologie nennt, ist das nicht im Sinne des klassischen Begründens zu verstehen. »Fundament« heißt die Möglichkeit, die nach Heidegger ja höher als die Wirklichkeit ist, permanent nach dem Sinn von Sein zu fragen.[25] Fundamentalontologie zeigt aber auch, dass sie die verschiedenen wissenschaftlichen Disziplinen (Regionalontologien) anleiten kann und muss. Nach Abschluss von *Sein und Zeit* wird Heidegger diesen Anspruch der Philosophie aufgeben.

Dasein hat nicht nur die Fähigkeit des Verstehens – es ist nur als Verstehen zu verstehen. Das heißt nicht, dass es diese, im wahren Sinne ursprüngliche Seinsart nicht vernachlässigen oder gar bewusst negieren könnte. Doch tut es eben das, vergisst es seine eigene Seinsart, ist es eben mehr es selbst, es ist verfallen. Zunächst aber »ist« das Dasein »Erschlossenheit«, das heißt, Offenheit für das Sein. Es geht dem Dasein um das Sein selbst. Die Erschlossenheit fächert Heidegger in drei Hinsichten auf: Befindlichkeit, Verstehen und Rede. Befindlichkeit verweist auf das Gestimmt-sein hin. Dieses ist nicht bezogen auf das eine oder andere Erlebnis, sondern auf die Möglichkeit, das Ganze unseres Daseins und unserer Umwelt zu erfahren. Schon aus der Gegenüberstellung von »Erlebnis« (für den Asketen Heidegger ein Wort für Dekadenz schlechthin) und Erfahrung geht hervor, was hier gemeint ist. Erfahren ist ein anderes Wort für die Einheit von selbstreflexiver Offenheit des Daseins und dem Sein. Beispielhaft verdeutlicht Heidegger das in seiner ausführlichen Erörterung der Langeweile. In der Langeweile werden wir nicht des einen oder anderen überdrüssig, sondern des Ganzen.[26]

Heidegger versucht mit dem Denken des Daseins, die Trennung von *res extensa* und *res cogitans*, mit der Descartes eine jahrhundertelange Tradition auf den Begriff gebracht hatte, zu unterlaufen. Descartes hatte das denkende Ich als denkende Substanz gekennzeichnet, die er *res cogitans* nannte. Dieses denkende Ding ist strikt vom rein körperlichen Dasein getrennt und kann als solches kein Attribut der Körperlichkeit auf sich beziehen. Es ist somit von allen materiellen Dingen getrennt, die im Körper, als einer *res extensa* auftreten. Die bloße Materie als *res extensa* ist somit auch streng getrennt von der denkenden Substanz. Schon gleich am Anfang von *Sein und Zeit* (§§ 8 – 11) bekämpft Heidegger die nach ihm auf Descartes zurückgehende Vorstellung, dass das Subjekt als die Grundlage und gar als das Zentrum der Philosophie gedacht werden solle. Wer so denkt, verfehle unvermeidlich die Frage nach dem Sein und dem Dasein, weil er beide ontisch denke. Damit wird auch klar, dass die Wahrheitsfrage in der Tradition nie angemessen gestellt wurde. Ausgangspunkt war hier (bis auf Parmenides, auf den wir noch zu sprechen kommen, siehe S. 48) die selbstverständlich vorausgesetzte Trennung von Denken und Sein, die dann nachträglich von den Scholastikern mit dem Konzept einer vorausgesetzten Übereinstimmung des Geistes/Wissens mit den Dingen/dem Sein überbrückt werden sollte (*adaequatio intellectus ad rem*).

Heidegger setzt dagegen ein Denken, das nicht nur dem Unterschied von Sein und Seiendem Rechnung trägt (das Sein ist kein Seiendes), sondern diese Differenz zugleich als Identität denkt, denn die Frage nach dem Sein ist ebenfalls kein Seiendes – sie gehört dem Sein, ist ein Fragen des Seins (*genitivus objectivus/genitivus subjectivus*). Das, was Heidegger *ontologische Differenz* nennt, ist also der Unterschied von Sein und Seiendem, zugleich aber auch ihre dynamisch gedachte Identität. Diese ist nicht feststellbar oder definierbar; sie ist wie ein Horizont: versucht man sich ihm zu nähern, entzieht er sich. Für das Sein gilt hier dasselbe wie für das Dasein: »Das Dasein ist zwar ontisch nicht nur nahe oder gar das Nächste – wir *sind* es sogar je selbst. Trotzdem oder gerade deshalb ist es ontologisch das Fernste.«[27] Die Polarität von Fernstem und Nächstem, von Vertrautem und Fremdem ist konstitutiv für das, was Heidegger als ontologische Differenz denkt. Jeder Versuch, sie begrifflich zu bestimmen, sie vertraut zu machen, muss eben deswegen, weil er nur begrifflich ist, scheitern. Mit konkreten phänomenologischen Analysen zeigt Heidegger dann, wie das Alltägliche anders zu denken ist als in der Tradition.

Sorge, Erschlossenheit und Angst

Schon das Vorhandene, das einfach da ist, ohne dass wir ihm Aufmerksamkeit schenkten oder es bräuchten (der Hammer, der einfach herumliegt) und zumal das Zuhandene, das Werkzeug, das wir aus dem Keller geholt haben (eben dieser Hammer), um damit zu arbeiten, sind nicht einfach da. Es hat mit ihnen, wie Heidegger sagt, immer eine Bewandtnis.[28] Jeder Gegenstand weist a priori über die bloße Tatsächlichkeit hinaus, weil die Welt, die uns umgibt, immer schon verstanden ist. Dieses Verstehen wird, obwohl das Dasein ein »Jemeiniges« ist, nicht von einem isolierten, cartesianischen Ego her konstituiert. Dasein ist »wesenhaft Mitsein«. Diese Bestimmung ist nicht ontisch, meint nicht einfach nur, dass es auch andere Menschen gibt, womit sie gewissermaßen trivial wäre. Der existenzial-ontologische Sinn dieser Bestimmung liegt darin, dass das einzelne Dasein nicht ohne Andere gedacht werden kann. Auch dann, wenn ich allein bin, können andere nur deswegen fehlen, weil ich »wesenhaft Mitsein« bin. Heidegger bestimmt nun unsere Beziehung zu den leblosen Dingen, dem Vor- und Zuhandenen als Besorgen, die Beziehung zu den Anderen als Fürsorge und das Dasein als Sorge.[29] »Sorge« wird von Heidegger nicht als das gedacht, was wir uns im Alltag darunter vorstellen, das »sich Sorgen machen« oder Kümmern. »Sorge« zeigt die Art und Weise unseres zeitlichen Seins auf. Bevor wir uns auf diese besondere Bestimmung einlassen, müssen wir uns vergegenwärtigen, dass Heidegger mit den Erläuterungen des Vorhandenen, Zuhandenen und Mitseins das Dasein in einer räumlichen Perspektive vorgestellt hat. Es ist nicht abwegig, hier Reminiszenzen an Kants Erörterung der Anschauung zu sehen, denn Heidegger hat 1929 in *Kant und das Problem der Metaphysik* (der, wie er im Vorwort zur ersten Auflage sagt, »ersten Ausarbeitung des zweiten (nicht veröffentlichten) Teils von *Sein und Zeit*«) dieses Thema ausführlich dargestellt. In der *Kritik der reinen Ver-*

nunft definiert Kant Raum und Zeit als Formen der reinen Anschauung. Raum ist die Form der äußeren, Zeit die der inneren Anschauung.

Bei Heidegger bezieht sich das »Da« in Dasein zunächst auf das räumliche In-der-Welt-sein.[30] Die Rede vom In-der-Welt-sein oder auch vom In-Sein hat aber von Anfang an die Tendenz, das »in« nicht bloß topographisch auf zu fassen. Das Dasein ist nicht in der Welt wie das Brötchen in der Tüte. Das Dasein hat eine reflexive Beziehung zur Welt, das heißt, dass das »in« über das Räumliche hinausweist. »Das Dasein aber ist >in< der Welt im Sinne des besorgend-vertrauten Umgangs mit dem innerweltlich begegnenden Seienden.«[31] Für Heidegger ist, wie dieses Zitat, mit dem Hinweis auf das Besorgen, schon zeigt, die Zeit als reine Form der Anschauung sehr viel wichtiger als der Raum. Sie ist für ihn, wie für Kant, »die Form des inneren Sinnes, d.i. des Anschauens unserer selbst und unseres inneren Zustands.« Tatsächlich ist es so, dass Heidegger die Zeit, als Form des inneren Sinnes, nicht nur als konstitutiv für die räumliche Erfahrungsdimension, sondern als Konstituens für Erkenntnis schlechthin betrachtet. Er stimmt Kant zu, wenn dieser sagt: »Die Zeit ist die formale Bedingung a priori aller Erscheinungen überhaupt.«[32]

Es zeigt sich nun, dass das »Da« jene besondere Beziehung des Daseins zur Welt und zu sich selber bedeutet, die Heidegger *Erschlossenheit* nennt.[33] Diese manifestiert sich als *Sorge*. Sorge ist: »das Sich-vorweg-schon-sein-in-(der Welt) als Sein-bei (innerweltlich begegnendem Seienden)«. Das Zusammenziehen des »sich-vorweg«, also des Vorgreifens, und des »schon-sein«, also des Immer-schon-gewesen-seins mit der fortwährenden Präsenz soll zeigen, dass Dasein in den drei Zeitdimensionen, Vergangenheit, Zukunft und Gegenwart gleichermaßen und gleichzeitig existiert – Dasein hat keine Sorge, es *ist* Sorge, als das existentielle Hinausstehen in die Zeit. Das sechste Kapitel von *Sein und Zeit*, »Die Sorge als Sein des Daseins« bildet denn auch das Verbindungsglied zwischen dem ersten Teil des Buches und dem zweiten, in dem die maßgeblichen Erörterungen der Zeitlichkeit zu finden sind.

Wir haben schon gesehen: »Zeitlichkeit enthüllt sich als der Sinn der eigentlichen Sorge.« und: »Die ursprüngliche Einheit der Sorgestruktur liegt in der Zeitlichkeit.« Wir sehen jetzt auch, warum Heidegger sagen kann, dass die Sorge das »Sein-zum-Tode« ist.[34] Die »ausgezeichnete Erschlossenheit des Daseins«, die sich als Befindlichkeit, Verstehen und Rede artikuliert, bezieht sich auf eine »ursprüngliche Ganzheit«. Diese Ganzheit lässt sich auch in den drei Zeitdimensionen artikulieren. Mit der Vergangenheit korrespondieren die Faktizität und die Geworfenheit, mit der Zukunft das Sein-zum-Tode. Mit der Gegenwart die Präsenz, das

»Da«. Faktizität (Geworfenheit) und Existenz (Entwurf) sind zwei extreme Pole, die sich gegenseitig bedingen.[35] Das »Da« ist jenes oft beschworene »Zwischen«, das ihre Differenz und Identität konstituiert.[36]

Die Erschlossenheit, die zugleich Entschlossenheit ist, bekommt nun eine dramatische Einfärbung dadurch, dass Heidegger sie als Sein-zum-Tode versteht. Dieses wird als *Angst* manifest. Anders als die Furcht, die durch etwas Konkretes ausgelöst wird, hat die Angst kein empirisches Korrelat. Wir haben keine Angst, sondern *sind* Angst, sofern wir eben erschlossen sind. Diese Angst, das Sein-zum-Tode, müssen wir auf uns nehmen. Das eigentliche Dasein ist die Entschlossenheit, das Nichts auf sich zu nehmen. Wir sind zwar in das Dasein geworfen, aber wir *sind* auch ein Entwurf, sofern unser Dasein ein »Vorlaufen zum Tode« ist.[37] Dieses Vorlaufen ist die höchste Möglichkeit des Freiseins. »Das Dasein ist die Möglichkeit des Freiseins *für* das eigenste Seinkönnen.«[38] Und gleichwertig mit dem Seinkönnen ist das Nichtseinkönnen. Das Vorlaufen in den Tod ist eine Grenzerfahrung mit diesen (Un-)Möglichkeiten.

Das »Man« und das Gewissen

Nun kann man Grenzerfahrungen nicht auf Dauer stellen. Nichts ist also verständlicher als der Versuch, sich davon zu entlasten. Heidegger findet für das Vermeiden dieser Grenzerfahrung eine bemerkenswerte Formulierung.

> »Das Dasein stürzt aus ihm selbst in es selbst, in die Bodenlosigkeit und Nichtigkeit der uneigentlichen Alltäglichkeit.«[39]

»Uneigentlich« ist das Adjektiv, mit dem Heidegger in den §§ 35 - 38 in *Sein und Zeit* alle Verfallsformen des Authentischen wie das Gerede, die Neugier und die Zweideutigkeit belegt. Der Absturz in die Bodenlosigkeit des uneigentlichen Seins manifestiert sich im berühmten »Man«. Am »Man« wird noch einmal klar, dass Heidegger alle traditionellen Philosophien, die den Menschen (das Subjekt) zentral stellen und dabei von psychischen Phänomenen (Stimmungen, Erlebnissen) ausgehen oder die diskursive Rede und die Logik für maßgeblich halten, für verfehlt hält. Für Heidegger ist das Phänomen des »Man« der unwiderlegbare Beweis dafür, dass die heutige Situation *in toto* eine Verfallsform ist. Diese Feststellung ist nicht nur eine kulturkritische Diagnose, sie auch eine systematische Stoßrichtung. Das »Man« ist eine defizitäre Gestalt des Daseins. Dasein ist jenes besondere Sein, das die Frage nach dem Sinn von Sein selbstreflexiv stellt. Dasein ist zugleich das, was fragt und das, wonach gefragt wird. Das »Man« dagegen fragt nicht, es gibt sich zufrieden mit Antworten, dem »Gerede«. Das »Man« ist, im Gegensatz zur permanenten Bewegung des Fragens (das zeitlich und historisch ist), erstarrt. Durch die Rede vom »Man« sollte man sich bei der Heidegger-Lektüre nicht dazu verführen lassen, dabei an die Masse in den Straßen zu denken. Das »Man« ist das seiner Selbstreflexivität beraubte Dasein, es ist das »Fremde« an und in uns.

Dass es das »Man« gibt, ist alles andere als eine fatalistische Feststellung. Mit der ihm eigenen Logik erklärt Heidegger, dass gerade im Zerfall die Möglichkeit des Gegenteils aufscheint. Unsere Urteile sind radikal falsch. Wir müssen die Welt und unsere Erkenntnisse vom Kopf auf die Füße stellen oder das Innerste nach außen wenden, um die Wahrheit zu sehen. Es ist unverkennbar, dass Heidegger die politische und kulturelle Situation (die philosophische inbegriffen) seiner Zeit für korrupt hielt. Gegen diese totale Korruption der gesellschaftlichen, politischen und kulturellen Verhältnisse und gegen die Irreführung des Denkens hilft keine Reform, sondern nur eine Revolution. Und es spricht für Heidegger, dass er diese Revolution in *Sein und Zeit* ohne moralische Verdikte oder negativ eingefärbte Qualifizierungen durchzuführen versucht.[40] Es ist allerdings auch richtig, zu bemerken, dass es ihm nicht immer überzeugend gelingt, einen moralisierenden Ton zu vermeiden. Deswegen kann man in Heideggers »Ruf des Gewissens« auch einen Appell hören, der über das rein Deskriptive hinausgeht. Im »Ruf des Gewissens« führt Heidegger seine bisherigen Überlegungen zusammen.

Das *Gewissen* gibt nach Heidegger »etwas« zu verstehen, es *erschließt.* Das Gewissen erschließt, indem es ruft. Was da an- und aufgerufen wird ist das Dasein selbst, und zwar zu dessen eigenstem Selbstseinkönnen und zum eigensten Schuldigsein. Das Gewissen ist – wie das Dasein – demnach selbstreflexiv. »Das Dasein« sagt Heidegger, »ruft im Gewissen sich selbst.« Das Dasein, so dürfen wir schließen, hat kein Gewissen, sondern *ist* Gewissen. Es ist Gewissen in dem Maße, in dem es erschlossen ist, und das heißt zeitlich: Sein-zum-Tode ist. Der Ruf des Gewissens ist nun aber nicht etwas, über das man nach Belieben verfügen kann. Der Ruf kommt nach Heidegger zwar »*aus* mir«, aber auch »*über* mich«. Hier zeigt sich, dass Heideggers Analyse changiert zwischen einer relativen Autonomie und der Entmachtung (Dezentrierung) des Daseins – »Es« ruft (in mir). Mit der Bemerkung, dass der »Ruf im unheimlichen Modus des *Schweigens* redet«, verknüpft Heidegger die Ablehnung der Vorstellung, dass das Gewissen eine konkrete Handlungsanleitung mitteilen würde.[41] Der Ruf des Gewissens bezieht sich auf das authentische Sein-zum-Tode im Ganzen und damit auf die Angst, die die ursprünglichste Erschlossenheit des Nichts ist.

Zeit und Zeitlichkeit

Der Ruf, so dürfen wir weiter sagen, ruft uns in jenes »Zwischen«, das als Zwischen von Faktizität und Entwurf, von Sein und Seiendem zu verstehen ist – in die ontologische Differenz. Dieses »Zwischen« ist zugleich die Identität und die Differenz der eben genannten »Pole«. In *Sein und Zeit* ist diese Differenz, dieses »Zwischen«, Ort und Zeit der Frage nach dem Sinn von Sein; sie ist als solche selbstreflexiv und einer drohenden Erstarrung entzogen, denn es kommt eben auf das Fragen an – nicht auf mögliche Antworten, die etwas Definitives als authentisch und wahr suggerieren.[42] Dabei bleibt das »Zwischen« allerdings nur formal im gängigen Sinn bestimmt. Damit korrespondiert eine gewisse Unterbestimmtheit der Präsenz, des Jetzt, als Grenze zwischen Faktizität (Geworfenheit) und Entwurf. Diese übernimmt Heidegger von Aristoteles. In der erwähnten Vorlesung vom Sommersemester 1927 über *Die Grundprobleme der Phänomenologie* geht Heidegger ausführlich auf Aristoteles' Betrachtung der Zeit ein.[43] Aristoteles definiert das Jetzt als Grenze zwischen Vergangenheit und Zukunft. Mit der Vergangenheit, die nicht mehr existiert und der Zukunft, die noch nicht existiert, hat das Jetzt gemeinsam, dass es ebensowenig existiert. Denn in dem Moment, in dem es angesprochen wird, ist es schon nicht mehr. Heidegger kritisiert Aristoteles, indem er feststellt, dass Aristoteles mit dieser Betrachtung nicht über das alltägliche Verständnis der Zeit hinauskomme. Der Rückgriff auf Aristoteles ist zugleich die De(kon)struktion dessen Ansatz. Heidegger revolutioniert die aristotelische Zeitphilosophie indem er gegen »Zeit« »Zeitlichkeit« ins Spiel bringt.

Im Alltag sagen wir »Jetzt«. Wenn wir aber reflektierend reden, sagen wir nach Heidegger »*jetzt ist es Zeit zu* ... », »Jetzt ist es noch Zeit, bis ...«, »Jetzt hat es noch Zeit bis ... » Wir sind nicht auf das Jetzt als solches gerichtet, »sondern auf das *wofür* und *wozu* noch jetzt Zeit ist.«[44] Vergangenheit (das »Behalten«), Zukunft (das »Gewärtigen«) und die Aktualität (das »Gegenwärtigen«), die Heidegger nun im Unterschied zum »alltäglichen Jetzt« »Augenblick« nennt, konstituieren die Bedeutsamkeit der Welt, die Weltzeit. Zeitlichkeit bestimmt Sein. Einen weiteren Schritt in Richtung der Dekonstruktion des traditionellen Zeitdenkens macht Heidegger, indem er zeigt, dass die drei »Zeitdimensionen« nicht isoliert gedacht und erfahren werden, sondern miteinander verschränkt sind. Jede einzelne »Dimension« verweist auf die anderen zwei, steht in sie hinaus – ist ekstatisch, wie Heidegger das nennt. Diese Ekstase gilt nun nicht nur für die einzelnen Dimensionen, sondern nach der Heideggerschen Logik der Selbstreflexivität für die Zeitlichkeit selber.

> »Die Zeit ist in sich selbst als Zukunft, Gewesenheit und Gegenwart entrückt. ... Wir bezeichnen diesen Charakter der Entrückung terminologisch als den *ekstatischen Charakter* der Zeit.«[45]

Es ist also zu beachten, dass nicht nur das Dasein, sondern auch die Zeit ekstatisch ist und Heidegger betont, dass dieses Ekstatische nichts Rauschhaftes sei, sondern auf die Existenz des Daseins, die ursprüngliche Einheit der Zeitdimensionen verweist – ja, die Bedingung der Seinsverfassung des Daseins ist. Das Ekstatische der Zeitlichkeit ist nichts anderes als die Bedingung der Möglichkeit der Transzendenz des Daseins. Wir sehen also, dass die Vorlesung aus dem Sommersemester 1927, die den dritten Abschnitt des ersten Teils von *Sein und Zeit* darstellt, die Begründung für den von Heidegger behaupteten Vorrang der Zeit vor dem Sein liefert.

Die Bestimmung der Zeitlichkeit führt uns zurück zu der Frage nach dem Verhältnis von Sein und Seiendem, nach der ontologischen Differenz. Schon bald nach *Sein und Zeit* kommt Heidegger zu der Einsicht, dass er die ontologische Differenz, dieses »Zwischen« doch noch zu sehr in den überkommenen Kategorien der Tradition, zu statisch, gedacht habe. Mit der Dynamisierung der ontologischen Differenz wird Heidegger seine Philosophie, die er nach der »Kehre« ausschließlich als »Denken« benannt hat, als Revolution in Permanenz gestalten.

Die Erörterung des Rufs des Gewissens stellt uns vor die Frage, ob wir des eigenen Nichtigseins wirklich schuldig sind. Was kann das heißen? Sind wir wirklich schuldig, dem Tod anheim gegeben zu sein? Heidegger meint selbstverständlich nicht, dass wir schuldig sind, weil wir sterblich sind, sondern weil wir das »Sein-zum-Tode« nicht bewusst auf uns nehmen. Aber lässt sich dieses Versäumen in dem Sinne, in dem wir üblicherweise von Schuld reden, wirklich als Schuld werten? Hat das Dasein wirklich die Pflicht, das »Sein-zum-Tode« als gestimmte Selbstreflexion auf Dauer zu stellen? Die Frage stellt sich um so mehr, weil Dasein ja nicht mit irgendeiner Form von Subjektivität gleichgesetzt werden sollte. Alles, was über Dasein gesagt wird, betrifft die »formale Anzeige«[46]

der Frage nach dem Sinn von Sein. Unterliegt aber ein Fragen der Bewertung schuldig/unschuldig, das weder das Fragen eines Subjektes noch ein Fragen nach etwas Konkretem ist, sondern ein Fragen nach der eigensten Möglichkeit?

Wie andere Denker, die von einer radikalen Korrumpierung der Verhältnisse ausgehen, steht auch Heidegger vor dem Problem, erklären zu müssen, dass der Verfallsform, der Uneigentlichkeit, die authentische, eigentliche Wirklichkeit zugrunde liegt. Denn die Frage lautet natürlich, wie jemand, der in der »Unwahrheit« lebt, es vermag, auf die Idee zu kommen, dass dem so ist, denn das Leben in der »Unwahrheit« schließt doch aus, dass man diese Verblendung durchschaut. Heidegger weist nun darauf hin, dass sich dieses Problem löst, wenn man nicht, wie traditionell üblich, von einem isolierten »Ich-Subjekt« ausgeht, sondern von der Bestimmung des »In-der-Welt-seins«. Wenn wir das tun, so Heidegger, dann ist das Phänomen des Verfallens gerade »der elementarste Beweis *für* die Existenzialität des Daseins«.[47]

Wenn wir uns das vergegenwärtigen, verstehen wir noch besser, warum Heidegger die Beschreibung des Daseins »Fundamentalontologie« nennt. Es geht ihm nicht um irgendwelche ontischen Aspekte unseres Seins, sondern um jenes Sein, das nach dem »Eigentlichen«, nach dem »Sinn von Sein« fragt. Nach diesem Sinn kann nur im Horizont der Zeit gefragt werden. Vergangenheit, Gegenwart und Zukunft sind dabei nicht als rein analytische Kategorien zu verstehen. Das Dasein entwirft sich, Erschlossenheit und Entschlossenheit realisierend, als Sein-zum-Tode. Der Terminus »ontologisch« besagt, dass es hier nicht um psychologische oder empirische Aspekte des Daseins geht, sondern um das, was Heidegger die »formale Anzeige« des Daseins nennt. Das Formale und das Transzendente sind bedeutungsgleich. Das wurde in der Rezeption oft übersehen und hatte zur Folge, dass *Sein und Zeit* vielfach eher soziologisch und psychologisch als ontologisch rezipiert wurde. Heideggers Beschreibung des Daseins, der Eigentlichkeit, der Uneigentlichkeit und des Verstehens lässt eine Zirkelstruktur erkennen – und Heidegger hat das selbst auch gesehen. Unter Hinweis auf die entsprechende Diskussion in der Hermeneutik erklärt er jedoch:

> »Das Entscheidende ist nicht, aus dem Zirkel heraus-, sondern in ihn nach der rechten Weise hineinzukommen.«[48]

Das scheint den Vorwurf der Absage an die Logik zu stützen. Zumal dann, wenn wir uns vergegenwärtigen, dass Heidegger schon in *Sein und Zeit* zeigt, dass er widersprüchliche Aussagen nicht scheut. So heißt es:

»Das Dasein ist, weil wesenhaft verfallend, seiner Seinsverfassung nach in der ›Unwahrheit.‹« Und: »›Dasein ist in der Wahrheit‹ sagt gleichursprünglich mit ›Dasein ist in der Unwahrheit‹.«[49] Eine Frage an das Werk Heideggers, zumal an das Spätwerk, bleibt daher aktuell: Sind in der Beschreibung einer Situation, die durch antagonistische Kräfte konstituiert wird, logische Widersprüche zulässig oder soll die Beschreibung den Kriterien der zweiwertigen Logik genügen?

Das Ontologische ist ein a priori. Nur weil es so etwas wie Sein gibt, können wir Seiendes als solches wahrnehmen und denken. Der dynamische Charakter dieses Denkens ergibt sich nun daraus, dass wir einsehen, dass Sein und Seiendes ihrerseits nichts Ursprüngliches sind. Sie entspringen dem, was Heidegger die ontologische Differenz nennt und das ist nichts anderes als der Unterschied von Sein und Seiendem. Wir werden die ontologische Differenz, die mit der »Kehre« erst ihre volle Bedeutung entfaltet, noch ausführlich thematisieren. Hier genügt es erst einmal, sich im Klaren darüber zu sein, dass Heidegger nicht von klar definierten Polen her einen Unterschied denkt, sondern vom Unterschied her die Extreme von Sein und Seiendem. Dabei ist nicht zu vernachlässigen, dass das Ontologische einen Vorrang vor dem Ontischen hat. Es wäre aber falsch, das Ontologische substantialistisch zu denken. Als etwas, das für das Öffnen, für das Erschließen einsteht, ist es nicht einzugrenzen oder zu definieren. Ja, es sieht nicht selten so aus, als seien das Sein und die ontologische Differenz nicht zu unterscheiden.

»Ontologische Differenz« ist für Heidegger ein Grundbegriff in jenem Sinn, der von ihm in der Vorlesung vom Sommersemester 1941, die den Titel *Grundbegriffe* trägt, erläutert wird. Grundbegriffe sind demnach nicht Abstrakta wie »Staat«, »Recht« oder »Mensch«, sondern Begriffe mit denen »der Grund« begriffen, gegriffen, gefaßt, ja überhaupt erst erreicht, ja zuvor erst auch nur geahnt werden soll.«[50] »Den Grund begreifen« heißt aber nicht nur, ein uns gewissermaßen Äußerliches zu begreifen, sondern »in Bezug zum ›Grund‹ von allem zu gelangen«. Heidegger wehrt bei der Bestimmung von »Grund« alle Vorstellungen von Grund als Ursache oder etwas Vorstellbares ab. Der »Grund« ist also nicht nur etwas, was wir be- und ergreifen. »Grund« ist auch zu verstehen als etwas, was »uns einbegreift in sein Wesen«. Es geht also um ein etwas, das zugleich etwas anderes ist als wir selbst und was »dennoch gerade unser Wesen durchwaltet«.[51] Dieses selbstwidersprüchliche Moment bestimmt auch den Grundbegriff der ontologischen Differenz. Auch sie ist, wie ich ausführlich darlegen werde, etwas, das zugleich »außer« und »in« uns ist. Wir stehen zudem auch noch »in« ihr. Mit diesen Bestimmungen versucht Heidegger, die gängigen räumlichen und auch zeitlichen Begriffsbestimmungen, unser Verständnis von Wissen, ›Wahrheit‹ und das traditionelle Verhältnis von Theorie und Praxis zu revolutionieren.

2

Die ontologische Differenz und die »Kehre« nach *Sein und Zeit*

Grund und Abgrund in der Philosophie Heideggers gehen zusammen mit der ontologischen Differenz. Ich werde im folgenden zu klären versuchen, welche Bedeutung die ontologische Diffferenz und die »Kehre« für Heideggers Denken nach *Sein und Zeit* haben. Ich konzentriere mich dabei auf die veröffentlichten und unveröffentlichten Schriften von 1936 bis 1941.

Die ontologische Differenz, der Unterschied von Sein und Seiendem, ist für Heideggers Denken der *Grund*, weil alles, was ist, und die Möglichkeit, dieses zu verstehen, diesem Unterschied zu verdanken ist. *Abgrund* ist die ontologische Differenz, weil alles Seiende und dessen Verständnis wesentlich auf die Möglichkeit des Nicht-Seins und Nicht-Verstehens bezogen ist: Nicht wir deuten das Seyn ›als‹ Grund, »sondern im Wesen des Seyns als Verweigerung eröffnet sich *mit dem Ab-grund* erst das Grundhafte und das alle Nichtung durchwaltende mit dem Ursprung entspringende Nichts.«[52]

Leibniz' Frage »Warum gibt es überhaupt etwas und nicht vielmehr nichts?« begleitet Heideggers Philosophie tatsächlich von Anfang an und radikalisiert sich in der These, dass das Sein das Nichts ist.[53] Heidegger »übersetzt« die Leibnizsche Frage in *Sein und Zeit* in die für ihn weit über dieses Buch hinaus maßgebliche Frage nach dem Sinn von Sein. Die Frage nach dem Sinn von Sein gilt nicht der Klärung der Unterschiede im Bereich des Seienden (den Qualitäten der Dinge, wie die empirischen Wissenschaften sie erforschen), sondern dem Unterschied von Seiendem und Sein - mehr noch: sie *ist* dieser Unterschied.

In *Sein und Zeit* hat Heidegger noch die Möglichkeit eines zeitlich zu verstehenden Unterschieds offen gehalten. Zeitlich deshalb, weil das Dasein, wenn es »eigentlich« ist, »Sein zum Tode«, also »zeitlich« ist (»vorläuft«)[54] und das Sein (wie das »und« im Titel *Sein und Zeit* anzeigt) selber Zeit »ist«. Der Unterschied ist hier also noch insofern als zeitlicher zu denken, weil er der Unterschied zwischen »in« der Zeit und »außerhalb« der Zeit ist. Spätestens nach 1936 fasst Heidegger die fundamentalontologische Frage von *Sein und Zeit* als »Übergangsfrage« auf.[55] Der

Ausdruck »Übergang« soll aber nicht darüber hinweg täuschen, dass es sich hier um eine radikal andere Weise des Fragens handelt. Der Unterschied kann jetzt nur so gedacht werden, dass er gleichzeitig als ein Unterschied »in« und »außerhalb« des Daseins gedacht wird; wobei das »in« und »außerhalb« gleichermaßen als räumlich und zeitlich und als nicht-räumlich und nicht-zeitlich zu verstehen ist. Die logisch unzulässige Kombination von »innerhalb« und »außerhalb« zeigt an, dass die Dimension der Alltagspraxis, für die das Gesetz der Kausalität und des Widerspruchsverbots gilt, transzendiert wird. Die »Leitfrage« nach der ontologischen Differenz muss übergehen in die Grundfrage nach der Wahrheit des Seyns.[56]

Es kommt Heidegger nun darauf an, nicht nur nach dem Trennenden, sondern auch nach der Selbigkeit von Seiendem und Seyn zu fragen. Der Unterschied trennt nicht nur, sondern umgreift auch die Extreme – indem er trennt, vereinigt er. Das heißt, dass nicht mehr vom Seienden aus nach dem Sein gefragt werden kann, sondern dass nunmehr vom Seyn her gefragt werden muss – und zwar so, dass vom Seyn her nach dem Seyn gefragt wird. Das Selbstwidersprüchliche transformiert sich ins Selbstreferenzielle. Wenn versucht wird, der »ontologischen Differenz« Herr zu werden, dann bedarf es der Bemühung, »die Wahrheit des Seyns aus dessen *eigenem* Wesen zu fassen (Ereignis)«.[57]

In solchen Überlegungen vollzieht sich die weithin unverstanden gebliebene »Kehre« Heideggers. Dabei handelt es sich nicht um das, was man als Wechsel der Perspektive der Fragerichtung verstehen könnte, sondern um zwei radikale Änderungen in Heideggers Denken. Um diese zu verstehen, sollte man sich vergegenwärtigen, dass für ihn räumliche und zeitliche Metaphern, obwohl unvermeidlich beim Beschreiben des Fragens, nicht mehr angemessen sind. Vom Seyn her fragen heißt nun, dass das Seyn sich selber befragt – es kehrt sich in sich. Dem entspricht eine Kehre im Dasein. Wir erinnern uns: Am Anfang haben die Philosophen nach dem Seienden gefragt. Das Ergebnis war, dass sie nicht die Wahrheit fanden, sondern Richtigkeit. Nun, in der von Heidegger erdachten Kehre, gilt:

> »Jetzt aber ist not die *große Umkehrung*, die jenseits ist aller ›Umwertung aller Werte‹, jene Umkehrung, in der nicht das Seiende vom Menschen her, sondern das Menschsein aus dem Seyn gegründet wird.«[58]

Diese Kehre ist, wie alles bei Heidegger, geschichtlich zu verstehen, denn wir müssen wissen, dass im »ersten Anfang« die Wahrheit verfehlt wurde, um einen neuen, anderen Anfang anfangen zu können.

> »Im *anderen Anfang* wird die Wahrheit erkannt und gegründet als Wahrheit des Seyns und das Seyn selbst als Seyn der Wahrheit, d.h. als das *in sich kehrige Ereignis*, zu dem die innere Ausfälligkeit der Zerklüftung und somit der *Ab-grund* gehört.«[59]

Ich werde nun zunächst die Frage nach dem Unterschied von Sein und Seiendem bis 1936 darstellen und dann ausführlicher auf die Kehre eingehen. Vorläufig gibt sich die fundamentalontologische Frage scheinbar bescheiden, sie fragt nach dem Unterschied von Sein und Seiendem. Um diese Frage zu verstehen, müssen wir uns vergegenwärtigen, dass Heidegger den empirischen Wissenschaften nicht zutraut, etwas für das Leben Wichtiges zu entdecken; sie befassen sich nur mit Phänomenen, die »stillgestellt«, aus der Dynamik des Lebens isoliert worden sind. Die wissenschaftlichen Erkenntnisse sind entsprechend abgehoben, abstrakt. Dieser auch damals nicht besonders originelle Vorwurf an die Adresse der Wissenschaften ist bei Heidegger, anders als bei einigen seiner Zeitgenossen, aber nicht mit einer völligen Abkehr von den Wissenschaften verknüpft. Heidegger hat bis zur »Kehre« den Anspruch, die Wissenschaften über ihre defizitäre Wahrheitsauffassung aufzuklären und sie auf eine richtige Grundlage, seine Philosophie, zu stellen. Die Voraussetzungen dazu sind gegeben, denn es gibt keine unüberbrückbare Kluft zwischen Wissenschaften und Dasein.: »Auch Wissenschaft ist eine ›Seinsweise des Daseins‹.«[60]

Wissenschaftliche Erkenntnis scheint zunächst etwas zu sein, das neben anderen Sachen in der empirischen Welt vorkommt. Es gibt sie einfach: Sie ist ein Seiendes unter Seienden. Weil dieses Seiende, das nicht nur ist, sondern anderes Seiendes objektivieren, zum Gegenstand machen und somit einen Unterschied zwischen sich und das Objekt legen kann, muss es auch in der Wissenschaft etwas geben, das diese Ebene des Seienden übersteigt, eben das »Sein«. Nach Heidegger haben nun die Wissenschaften dieses Sein, mit dem sie zwar hantieren, wenn sie etwas zum Gegenstand machen, vergessen. Ironisch genug haben sie ihre Fortschritte, manifest geworden in der wachsenden Naturbeherrschung, gerade diesem Vergessen zu verdanken. Für diese Fortschritte bezahlen wir allerdings den Preis, dass sie, wie Heidegger sagt, sich nicht mehr nach dem »Leben«, sondern nur noch nach den Kriterien der Effizienz, der Rendite und der Beherrschbarkeit richten; sie werden »technisch« und »rechnerisch« .

Für die Philosophie ist Heideggers Diagnose nicht weniger finster. Die Philosophie hat nicht nur ihr Wesen verraten, als sie versuchte, es den Wissenschaften bei der Entwicklung eines Herrschaftswissens gleichzutun, sondern auch dadurch, dass sie das zu vergessen und zu verdunkeln suchte. Die Philosophen haben demnach von Anfang an – und das gilt letzten Endes auch für Parmenides und Heraklit – gemeint, das Sein zu denken, aber letztendlich doch nur Seiendes gedacht. Sie haben die ontologische Differenz vergessen. Wenn dieser Unterschied vergessen wird, wird nicht nur ein – oder gar *der* Unterschied vergessen, sondern auch das Unterschiedene, Sein und Seiendes, für das der Unterschied konstitutiv ist. Das heißt, dass nichts mehr »eigentlich« sein und verstanden werden kann.

Diese Kehre artikuliert Heidegger in aller erwünschten Klarheit in *Besinnung* am Beispiel des Begriffs des Nichts. Heidegger unterscheidet drei verschiedene Begriffe des Nichts:

1. *Der metaphysische Begriff des Nichts* (Hegel – das un-bestimmmte Un-mittelbare)
2. *Der seynsgeschichtlich gedachte metaphysische Begriff des Nichts – das Nichtende*
3. *Der seynsgeschichtliche Begriff des Nichts* – der Ab-grund als Wesen des Seyns.[61]

Die Metaphysik, die das Seiende für das Sein gehalten hat und infolgedessen das Sein nur als Abstraktion, Generalisierung und Ursache vorgestellt hat, kann weder das Seyn noch das Nichts angemessen denken. Eine erste Korrektur dieses Irrtums wäre es, die metaphysischen Begriffe zumindest seynsgeschichtlich zu denken. Das hieße, von der Einsicht, dass die Geschichte nur Geschichte der Seinsvergessenheit ist, auszugehen und die traditionelle Begrifflichkeit als fehlgeleitete sichtbar zu machen. Das bedeutet also, dass es das Sein nicht mehr gab, als es vergessen wurde. Das Sein gibt es erst dann wieder, wenn es gedacht wird. Es kann aber erst dann gedacht werden, wenn wir den Unterschied von Sein und Seiendem denken. Diesen Unterschied denken wir nun aber nach Heidegger nicht in jenem Sinn, in dem die Wissenschaften ihre Gegenstände objektivieren. Das wissenschaftliche Verfahren findet nämlich, anders als es meint und beansprucht, in sich keinen Halt; es bedarf eines anderen Vorgehens.

Wissenschaftliche Erkenntnisse werden in Urteilen gefasst. Die Übereinstimmung zwischen dem Urteil und der Wirklichkeit aber bleibt unsicher. Jede so genannte Verifikation ist ja auch nichts weiter als wieder ein Urteil. Deswegen ist es ratsam, von vorneherein zu akzeptieren, dass Urteile keinen absoluten Wahrheitsanspruch geltend machen können. Jedes Urteil ist Interpretation oder, wie Heidegger es nennt, »Verstehen«.

Heidegger zielt auf etwas, das »tiefer« liegen würde: das Dasein als »Ursprung«. Es wäre allerdings ein Irrtum zu meinen, Heidegger schaute mit dem »Ursprung« nur nostalgisch in die Vergangenheit. Parallel zu seiner Auffassung von der ontologischen Differenz, die zugleich Unterschied und Einheit ist, ist der »Ursprung« zugleich ein »Anfang« – ja sogar das Künftige. Je weiter wir uns vom Ursprung entfernen desto uneigentlicher (verfallener) sind wir.[62] Das gilt auch für die Wissenschaft. »Echte Wissenschaft ... wird auf ihre Bedeutung gemessen ... an der Nähe und Lebendigkeit zum Ursprung.« [63]

Für die Beurteilung dieser Nähe und Lebendigkeit ist in der Vorlesung *Grundprobleme der Phänomenologie* aus dem Wintersemester 1919/20 noch die Phänomenologie »als Ursprungswissenschaft« zuständig.[64] Aber welche Wissenschaft oder welches Denken denn nun dazu geeignet wäre – es bleibt die Frage, welcher Art ein solches Denken wäre. Ist die Interpretation der Nähe dem Ursprung zueigen oder abgeleitet? Im letzten Fall wäre sie unzuverlässig – im ersten unzugänglich, denn wir sind vom Ursprung abgefallen.

Nicht nur die Wortwahl Heideggers, sondern auch die Bedeutung seiner Gedanken weist eine schon von Hans Jonas (1991) bemerkte auffällige Nähe zu gnostischen Lehren auf. In diesen ist ja auch die Rede davon, dass die Menschen gefallen seien und dass die meisten nicht zum Wissen (Gnosis) kommen können. Heidegger erklärt zwar explizit, dass er das »Verfallen« nicht negativ, geschweige denn moralisierend meine, aber wenn er in *Sein und Zeit* kurz darauf das Verfallen mit Gerede, Neugier und Entfremdung zusammenbringt fällt es schwer, diese Beteuerung ernst zu nehmen.

Wahrheit, Inständigkeit, das Inzwischen, Gründung, das Andere und Geschichte bilden in Heideggers Philosophie ein Geflecht von unauflösbaren Beziehungen. Ihr wichtigstes Merkmal ist der Versuch, eine völlig neue, radikal andere Sprache zu entwickeln. Das ist nötig, weil die traditionelle philosophische Sprache nach Heidegger nicht imstande ist, die hinter den alltäglichen Phänomenen verborgene Dimension der Wahrheit adäquat zu fassen.

Heidegger meint, dass unsere von der Logik erzwungene Teilung der Welt nach dem Muster der sich gegenseitig ausschließenden Gegensätze die verarmte Form einer reicheren Welt sei. Die Aufspaltung einer ursprünglichen Ganzheit in links und rechts, oben und unten, richtig und falsch, gut und böse bedeute nichts anderes als eine ungeheuere Verarmung unseres Denkens, das wesentlich die Gegensätze umfasse. Wenn wir uns selber zwingen, die Welt nach dem Muster der ausgeschlossenen

Gegensätze zu denken, dann verfehlen wir nicht nur die Wahrheit, sondern machen es uns auch unmöglich, zu sehen, dass wir die Wahrheit verfehlen. Im folgenden werde ich anhand der zu Beginn dieses Abschnitts aufgeführten Begriffe den Voraussetzungen und Intentionen des Heideggerschen Denkens nachspüren.

In der zweiten Phase seines Denkens, die der Arbeit an den *Beiträgen zur Philosophie (Vom Ereignis),* den Notizen *Besinnung*, der Vorlesung »Grundfragen der Philosophie. Ausgewählte ›Probleme‹ der ›Logik‹« und der Abhandlung »Die Geschichte des Seyns« gewidmet ist, versucht Heidegger das Sein, das nunmehr »Seyn« geschrieben wird, Wahrheit und Geschichte neu zu denken. Das hat selbstverständlich Konsequenzen für das Konzept der ontologischen Differenz. Heidegger fragt in den zunächst nicht für die Veröffentlichung vorgesehenen *Beiträgen* nicht mehr – wie in *Sein und Zeit* – nach dem »Sinn von Sein«, sondern nach dem Seyn selbst. Damit radikalisiert Heidegger seinen Ansatz. Sein/Seyn und Seiendes, die in *Sein und Zeit* mehr als getrennt denn als Einheit vorgestellt wurden, werden nurmehr als Gegensätze in einer Einheit gedacht. Entsprechend werden Wahrheit, Seyn und Geschichte als identisch betrachtet.

> »Diese Wahrheit des Seyns ist gar nichts vom Seyn Verschiedenes, sondern sein eigenstes Wesen, und deshalb liegt es an der Geschichte des Seyns, ob es diese Wahrheit und sich selbst verschenkt oder verweigert und so erst eigentlich in seine Geschichte das Abgründige bringt.«[65]

In den *Beiträgen* geht es also – wie in der eben erwähnten Vorlesung vom WS 1937/38 - nachdrücklich um das Problem der Wahrheit und deren Geschichtlichkeit. Zu unterscheiden ist dabei selbstverständlich zwischen dem, was man gängig für Geschichte hält, was aber in Wirklichkeit Un-Geschichte, Zerfall ist (Heidegger nennt das »Historie«), und der wahren Seynsgeschichte. Es ist ein »Übergang« vom traditionellen Denken der Un-Wahrheit und der Un-Geschichte in die wahre Wahrheit und Geschichte vonnöten; ein »Übergang von der Metaphysik in das seynsgeschichtliche Denken«, durch den »der bisher überhaupt verborgene Bereich der Wesung des Seyns durchgangen und so erst gelichtet« werde.[66]

Die überkommene Geschichte von den frühen Griechen bis heute ist eine Verfallsgeschichte, so seine These der *Beiträge*, die auch im späteren Werk ihre Stelle behauptet. Als Verfallsgeschichte ist sie die Bedingung dafür, dass Heideggers Denken diese absolute Entfremdung durchstoßen und damit die wahrhafte Frage nach der Wahrheit stellen kann. Das kann selbstverständlich nicht mit den Mitteln der gängigen Logik und Metaphysik, die ja Teil des Verblendungszusammenhangs sind, geschehen. Es muss eine »andere« Sprache, ein »anderes« Denken, besser: ein »anderes« Fragen gefunden werden. Oder, um es anders zu sagen: Das »andere« Fragen muss uns finden. In der – anders als die *Beiträge* – an ein breites akademisches Publikum gerichteten Vorlesung *Grundfragen der Philosophie* präzisiert Heidegger seine Kritik an der geschichtlich korrumpierten Wahrheitsauffassung: »Wahrheit«, so meint Heidegger, ist bei Platon und Aristoteles definitiv als Richtigkeit der Aussage (miss-)verstanden worden. Dieses Missverständnis hat die schwerwiegende Folge, dass damit der »Ausblick auf das Wesen der Wahrheit verstellt wurde.«[67] Als »richtig« gilt in der Tradition eine Aussage, wenn die in ihr formulierte Erkenntnis sich nach dem beurteilten Gegenstand richtet. Aristoteles spricht hier von Angleichung (*homoiosis*). Das richtige Urteil beruht dabei auf einem angemessenen Vorstellen, das sich entweder – idealistisch – auf das Vorgestellte (*perceptum* oder *idea*), oder auf den Gegenstand (im Realismus) bezieht. Heidegger kritisiert an diesen Auffassungen nicht nur die jeweils einseitige Bestimmtheit, sondern auch die Eindeutigkeit, mit der die Aussage, die doch auch falsch sein kann, eindeutig zum Ort der Wahrheit gemacht wird. Heidegger fasst seinerseits die Beziehung zwischen Denken und Seiendem als »Offenheit«. Nur Dank der Offenheit ist Richtigkeit möglich – nicht umgekehrt. Diese Einsicht fordert uns dazu auf, die traditionelle Frage nach dem Wesen der Wahrheit (d.h. nach der einseitigen, erstarrten Beziehung zwischen Vorstellen und Vorstellung/Gegenstand) zu »kehren« in die Frage nach der Wahrheit des Wesens.

> »Die Frage nach dem *Wesen der Wahrheit* ist *zugleich und in sich* die Frage nach der *Wahrheit des Wesens.* Die Wahrheitsfrage – als Grundfrage gefragt – kehrt sich in sich selbst gegen sich selbst.«[68]

Die Metapher der Kehre können wir leicht als Beispiel für Heideggers Vorliebe für die Übersetzung landschaftlicher Phänomene wie Holzwege und Gipfel in Denkfiguren anführen. Aber wir sollten sehen, dass die Bedeutung der Kehre sich weder bloß räumlich noch zeitlich erschöpfend fassen lässt. Das verbietet allein schon die selbstreferentielle Formel des »in sich selbst gegen sich selbst«. Die Kehre fordert dazu auf, die Not anzuerkennen, die uns vor die Notwendigkeit eines »anderen Fragens und Anfangens« stellt. Es ist nach Heidegger das Verhängnis unserer Zeit, dass wir diese Not nicht erfahren – wir leben in der Notlosigkeit, die allerdings ihrerseits wieder als Not zu bezeichnen ist. Heidegger versucht nun zu klären, dass die Not, von der hier die Rede ist, kein »Elend« und keinen »Jammer« bedeutet. Es geht hier um ein »*Nicht*, ein Nichthaftes«. Dieses Nicht entspringt nicht einem Mangel, sondern einem »Übermaß des Überflusses«. Heidegger versteht das Nichthafte als ein »Nicht-aus-und-ein-Wissen ... aus *dem* heraus und in *das* hinein, was sich durch solches Wissen erst als dieser unbetretene und ungegründete ›Raum‹ eröffnet. Dieser Raum (Zeit-Raum) – wenn wir hier so sprechen dürfen – ist jenes Zwischen, in dem noch nicht bestimmt ist, was seiend ist und was unseiend«[69].

Schon wieder stoßen wir mit dieser Bestimmung des Wissens, »aus dem heraus in das hinein« ein Raum eröffnet wird, auf eine selbstreferentielle Bestimmung, die das Räumliche transzendiert. Es geht hier um ein »Zwischen«, das nicht raum-zeitlich zu verstehen ist, und wir erkennen in dieser Formel unschwer eine Radikalisierung der ontologischen Differenz. Die Not, das Nichthafte, ist zu sehen als »Ursprung« des Menschen. »Der Mensch entspringt selbst erst aus dieser Not, die wesentlicher ist als er selbst, der nur und erst von ihr be-stimmt wird.«[69a]

Damit schlägt Heidegger die Brücke zu jener Erfahrung, mit der traditionellerweise das Philosophieren anfängt, dem Erstaunen. »Nicht aus und nicht ein wissend steht das Er-staunen in einem *Zwischen* ... .«[70] Jedes Fragen nach dem Wesen der Wahrheit, das sich einlässt auf die Frage nach der Wahrheit des Wesens, steht nun vor der Aufgabe, sich diesem Zwischen zu stellen; besser: sich in dieses Zwischen, in die ontologische Differenz zu stellen. Heidegger kritisiert hiermit seinen Ansatz in *Sein und Zeit* und stellt zugleich Kontinuität her, indem er sagt, dass »der Begriff der ›ontologischen Differenz‹ nur vorbereitend als Übergang von der Leitfrage zur Grundfrage« verstanden werden könne.[71]

Die »Grundfrage« richtet sich nun auf das »Kehrige« von Seyn und Seiendem, das sich im Dasein ereignet. Seyn und Seiendes werden nun als Gegensätze, die sich gegeneinander kehren, in einer Einheit gefasst. Sie sind dabei nicht als Teile eines Ganzen zu begreifen, denn sie sind zugleich Teil und Ganzes, indem sie jeweils für einander – und für sich – das Andere und dasselbe sind. Das ist nur möglich und zu verstehen, weil sich die Wahrheitsfrage als ein »sich in sich selbst gegen sich selbst« konstituiert.[72] Diese besondere Art der Selbstreferentialität ist als Versuch zu verstehen, jegliche begriffliche und praktische Erstarrung zu bekämpfen. Erstarrung ist nämlich Ausdruck und Effekt aller Versuche, Herrschaft auszuüben. Der Sinn des Gedankens der Kehre ist aber gerade, ein andauerndes Gleichgewicht von gegensätzlichen Kräften als das wahre Wesen des Seyns und des Daseins herauszustellen. Die Tragik unserer Geschichte ist es, dass wir fortwährend alles – buchstäblich –

feststellen wollen, denn nur so ist die Ausübung von Herrschaft und die Unmöglichkeit, sie kritisch zu hinterfragen, möglich. Herrschaft und deren Selbstverständlichkeit können aber nicht innerhalb der geltenden Formen von Kritik wahrhaft kritisiert werden. Die formale Logik und die darauf gegründeten Verfahren der Wissenschaften schließen das Geltenlassen von Ambivalenzen und Widersprüchen grundsätzlich aus. Für wesentliche Kritik muss also eine Perspektive gefunden werden, die die gängigen, also argumentativ gewonnenen und empirisch nachprüfbaren Erkenntnisse übersteigt. Diese Perspektive meint Heidegger in der besonderen Art der oben erläuterten Selbstreferentialität gefunden zu haben, die zugleich Widerspruch und Einheit, dasselbe und das Andere einschließt. Die ultimative Erprobung dieser Perspektive ergibt sich im Denken des entschiedensten Gegensatzes, dem von Sein und Nichts. Heidegger versteht denn auch den »Ursprung des Streits aus der Innigkeit des Nicht im Seyn!« Und es heißt weiter: »Nur weil das Seyn nichthaft west, hat es zu seinem Anderen das Nichtsein. Denn dieses Andere ist das Andere seiner selbst.«[73]

Für solche Gedanken gibt es innerhalb des empirischen Denkens keine Artikulationsmöglichkeit. Und deswegen können oder müssen wir Heideggers Bezugnahmen auf den *Gott* (wie im Spiegelinterview) als Wechsel der Perspektive vom Empirischen auf das »ganz Andere« verstehen. Mehr noch: Nur vom »ganz Anderen« her lässt sich das Defizitäre der empirischen Welt und der Wissenschaften einsehen; und auch nur so lässt sich verstehen, wie wir einen »anderen Anfang« versuchen sollten – auch wenn das logisch gedacht gar nicht möglich ist. Logik kann nach Heidegger sowieso kein Maßstab sein, denn sie ist das »*am wenigsten* strenge und ernste Verfahren der Wesensbestimmung und nur ein Schein ... [freilich] der notwendigste Schein, den die Geschichte des Seyns bis jetzt kennt.«[74]

Heidegger meint auch, dass dieser Versuch, einen »anderen Anfang« zu machen, nie vollendet werden kann. Für Heidegger ist der Weg das Ziel. Und in einem Denken, das ausschließlich »unterwegs« ist, sind paradoxe Bestimmungen unvermeidlich: »Also vermag auch das Denken als anfängliches des anderen Anfangs in die ferne Nähe des letzten Gottes zu kommen.«[75] Heidegger bekämpft das bisher bedingungslos akzeptierte Kriterium für wahres Denken, die Logik: »Im üblichen Gesichtskreis der ›Logik‹ und des herrschenden Denkens bleibt der Entwurf der Wahrheitsgründung reine Willkür«.[76]

Es genügt nach Heidegger aber nicht, gegen Logik, diskursives Denken und Fortschritt zu sein, denn dann bewege man sich immer noch auf derselben Ebene. Dann wäre man dafür verantwortlich, dass die Seinsverlassenheit nicht nur vergessen sondern sogar gesteigert würde.[77] Nicht durch eine Wahl, die immer nur eine zwischen vorgegebenen Möglichkeiten ist, sondern nur durch eine, emphatisch revolutionär gedachte »äußerste Entscheidung«, die der »Kehre« entspricht, kann in die heutige Untergangsdynamik Klarheit gebracht, ein radikal anderes Denken und das »Ereignis« vorbereitet werden.

3

Metaphysik. Was ist das?

Die Frage nach der Metaphysik ist für Heidegger keine Sache einer Definition, sondern die zentrale Frage der Möglichkeit oder Unmöglichkeit unserer Selbstverständigung in der Philosophie – besser: im Denken. Eine Vielzahl seiner Texte dokumentiert, dass diese Frage über längere Zeit Heideggers Denken bestimmt hat. Den Anfang macht eines der für *Sein und Zeit* geplanten, jedoch nicht veröffentlichten Kapitel über das Schematismuskapitel in Kants *Kritik der reinen Vernunft* (A 137 / B 176 ff.), das später in Buchform als *Kant und das Problem der Metaphysik* veröffentlicht wurde. Es folgt die Freiburger Antrittsvorlesung *Was ist Metaphysik?* vom 24.07.1929. Die Feststellung, dass die Metaphysik und damit die Philosophie als solche nahezu von Anfang an ihr Ziel verfehlt habe, sich darüber aber im Unklaren geblieben sei, wurde in der 1949 hinzugefügten »Einleitung« noch durch die für die akademische Philosophie skandalöse These ergänzt, dass »im Sein des Seienden das Nichten des Nichts geschieht.«[78] Heideggers pauschale Aburteilung der Tradition und seine Geringschätzung der Logik haben zusammen mit der Empörung über seine Nazi-Vergangenheit schon bald nach dem Zusammenbruch des NS-Regimes Forderungen provoziert, ihn ins philosophische Abseits zu stellen.[79]

Umfassend erläutert und begründet Heidegger sein Fragen nach der Metaphysik in der Vorlesung *Einführung in die Metaphysik*, die im Sommersemester 1935 in Freiburg gehalten und 1953 veröffentlicht wurde. Zwischen 1936 und 1946, zum Teil also während seiner Auseinandersetzung mit seiner »größten Dummheit«,[80] dem Engagement für den Nationalsozialismus und der damit verknüpften Strategie, den Nazis das Deutungsmonopol Hölderlins und Nietzsches strittig zu machen, sammelt Heidegger Texte, die als »Überwindung der Metaphysik« in dem Band *Vorträge und Aufsätze* erschienen sind. 1955 veröffentlicht Heidegger unter dem Titel *Zur Seinsfrage* seine Auseinandersetzung mit Ernst Jüngers *Über die Linie.*[81] 1962 greift er das Thema erneut auf in *Kants These über das Sein.*

Kant und das Problem der Metaphysik

Das erste Kapitel des geplanten, aber nicht veröffentlichten zweiten Teils von *Sein und Zeit* sollte die Überschrift *Kants Lehre vom Schematismus und der Zeit als Vorstufe einer Problematik der Temporalität* tragen.[82] Heidegger entwarf seine Kant-Interpretation, die nicht nur einen hervorragenden Einblick in seine Kritik an der herkömmlichen Ontologie bietet, sondern auch seine Überzeugung der Unentrinnbarkeit der Metaphysik dokumentiert, in einer Vorlesung im Wintersemester 1925/1926 und in den berühmten Davoser Hochschulkursen, bei denen er 1929 mit Cassirer diskutierte. Noch im selben Jahr wurde der Text als *Kant und das Problem der Metaphysik* veröffentlicht.

Die Überschrift des für *Sein und Zeit* geplanten Kapitels wirft, sofern dieser Text in das Buch eingegangen ist, kaum Fragen auf. Es handelt sich tatsächlich um einen eingehenden Kommentar zum Schematismuskapitel aus der *Kritik der reinen Vernunft.* Das Buch aber greift sehr viel weiter aus und wirft, alleine schon vom Titel her, eine Reihe von Fragen auf. Was meint Heidegger mit: »Problem der Metaphysik«? Hat die Metaphysik ein Problem, oder ist sie ein Problem? Und welches Problem wäre das dann und für wen?

Das erste Problem, das Heidegger mit der Metaphysik hat, lässt sich als These leicht formulieren. Die Metaphysik hat von Anfang an, d.h. seit Parmenides und Heraklit, immer gemeint, das Sein zu denken und doch nur über das Seiende geredet. Die Geschichte der Metaphysik ist also eine Geschichte des Verfehlens der Seins- und Wahrheitsfrage. Ein zweites Problem ist die Frage der Endlichkeit des Seins, die er am Schluss des Buches als Frage der Anthropologie thematisieren wird. Zunächst betrachtet Heidegger sein eigenes Denken als Teil der Philosophie, die nicht nur die Geschichte der Philosophie, sondern auch Philosophie der Geschichte ist. Heideggers Denken ist als Denken aber nicht nur Teil der Geschichte der Philosophie, sondern auch der Versuch, diese Geschichte zu überwinden. Heidegger ist sich dabei bewusst, dass er die überkommene Philosophie nicht einfach abschütteln kann. Noch der radikalste Befreiungsschlag bleibt rückgebunden an das, von dem er sich zu befreien sucht.

Im Zentrum von *Kant und das Problem der Metaphysik* steht die Frage, was es bedeutet, dass Kant in der zweiten Auflage der *Kritik der reinen Vernunft* (1786) die Synthesis von Anschauung und Denken nicht mehr der transzendentalen Einbildungskraft, sondern dem Verstand zuspricht. Heidegger kritisiert diese Verlagerung, weil er die Einbildungskraft als jenes Vermögen des Menschen betrachtet, in dem sich eine besondere Beziehung zur Zeit zeigt. Auf die Frage der Haltbarkeit dieser Kritik werde ich hier so wenig eingehen können wie auf die vielfach kritisierte und von Heidegger ausdrücklich, wenngleich auf doppeldeutige Art und Weise, zugestandene Gewaltsamkeit seiner Interpretation. Ich muss mich hier auf eine grobe Präsentation der Hauptlinien von Kants Erörterungen der Erkenntnis und der Frage des Verhältnisses des Ontischen und Ontologischen, wie es sich in der Bestimmung der transzendentalen Einbildungskraft artikuliert, beschränken.

Zunächst ist daran zu erinnern, dass Kant im Schematismuskapitel Anschauung und Denken als die zwei Elemente unserer Erkenntnis bestimmt. Diese beiden müssen nun nach Kant synthetisiert werden. Er veranschaulicht diese Synthese mit Hilfe der Metapher von zwei Stämmen, die eine gemeinsame Wurzel haben. Diese Wurzel ist die transzendentale Einbildungskraft. Transzendental heißt sie, weil sie – in Heideggers Terminologie - den Überstieg vom Sein zum Seienden leistet. Es ist also darauf zu achten, dass Heidegger Transzendenz nicht vom Seienden »hinauf« zum Sein, sondern vom Sein »herunter« zum Seienden denkt. »Die ontische Wahrheit richtet sich notwendig nach der ontologischen.«[83] Heidegger fasst also die Einbildungskraft als ontologisches Vermögen.

Anschauen ist, als empirische, sinnliche Tätigkeit auf Vorgegebenes angewiesen. Sie gilt als rezeptiv.[84] Das mag als selbstverständlich erscheinen. Aber deren Synthese mit dem Denken lässt sich von dieser endlichen Tätigkeit her nicht denken. Dazu bedarf es jeweils eines reinen, wenngleich auch sinnlichen Anschauens, das seinerseits von einer reinen transzendentalen Einbildungskraft synthetisiert werden muss, wenn denn Erkenntnis zustande kommen können sollte. Wenn es sich nun um das reine Anschauen handelt, dann bezieht sich dieses nicht auf Seiendes, sondern auf das, was Kant die Formen unserer Anschauung nennt, auf Raum und Zeit.[85] Während nun die räumliche Ordnung eine Angelegenheit des »äußeren« Sinnes ist, definiert Kant die zeitliche Ordnung als Aufgabe für den »inneren« Sinn. Kant billigt diesem »inneren« Sinn die Hauptaufgabe der Erkenntnisbildung zu. Es kann uns nicht überraschen, dass Heidegger sich der Kantischen Auffassung des Vorrangs der Zeit für die Erkenntnis anschließt. Es heißt, dass »die Zeit dem Subjekt ursprünglicher einwohnt als der Raum«.[86]

Heidegger sieht in der reinen transzendentalen Einbildungskraft, welche die Begriffe versinnlicht, jenes Vermögen, das nicht nur die Erkenntnis des Seienden, sondern auch des Seins ermöglicht. Er meint nun aber feststellen zu können, dass Kant in der zweiten Auflage der *Kritik der reinen Vernunft* vor dem Primat der transzendentalen Einbildungskraft, die nichts weniger als »die ursprüngliche Zeit« sei, »zurückgewichen« sei.[87] Kant habe dem Verstand »die Rolle des Ursprungs für alle Synthesis« zugesprochen.[88] Damit opfere er nach Heidegger die revolutionäre Einsicht, dass die Zeit das Sein und deren Erkenntnis bestimme, der traditionellen Überzeugung, dass das Sein ontologisch vorrangig sei.

Damit sind wir beim Hauptanliegen von Heideggers Interpretation der *Kritik der reinen Vernunft*. Sie ist nichts anderes als der Nachweis, dass hier eine »Grundlegung der Metaphysik als Frage nach dem Grunde der inneren Möglichkeit der Wesenseinheit der ontologischen Erkenntnis« versucht wird. Dieser Versuch muss scheitern, wenn die transzendentale Einbildungskraft als »ursprüngliche Zeit« und »als eigenes Grundvermögen gestrichen« wird. Dagegen unternimmt Heidegger in *Sein und Zeit* die Darstellung einer wahrhaften Grundlegung der Metaphysik.[89] Diese Grundlegung ist eine »Bewegung des Philosophierens, die das Einbrechen des Bodens und damit den Abgrund der Metaphysik offenbart.«[90] Dieser Abgrund ist die Endlichkeit im Menschen und die Notwendigkeit der Frage nach der Endlichkeit. Diese Endlichkeit ist keine zufällige Eigenschaft des Menschen, sondern eine wesentliche; und zwar deswegen, weil der Mensch ohne ein Verstehen von Sein gar nicht sein könnte. Verstehen ist aber nichts anderes als Verstehen der Endlichkeit. »Ursprünglicher als der Mensch ist die Endlichkeit des Daseins in ihm.«[91] Und damit sind wir bei der Fundamentalontologie, die Heidegger in *Sein und Zeit* entwickelt hat.

Es ist jetzt auch klar, warum *Sein und Zeit* abgebrochen werden musste. Hier wird nach dem Sein noch vom Dasein her gefragt. Von der überkommenen Metaphysik her wäre der Titel »Fundamentalontologie« also als richtig zu qualifizieren, aber eben deswegen »führt er irre«, denn »das Denken an die Wahrheit des Seins« soll den Bereich der Ontologie verlassen und die Endlichkeit des Seins vom Sein her denken.[92] Um zu verdeutlichen, dass es sich hier um ein »anderes« Sein handelt schreibt Heidegger in *Zur Seinsfrage* das Sein kreuzweise durchgestrichen: Sein.

Was ist Metaphysik?

Die Veröffentlichungsgeschichte der Antrittsvorlesung zeigt, wie wichtig sie Heidegger über Jahrzehnte gewesen ist: Sie wurde 1929 gehalten, 1943 mit einem Nachwort zur 4. Auflage versehen, 1949 um eine Einleitung ergänzt und mit beidem 1960 als 8. Auflage veröffentlicht. Heidegger hat mit dieser Vorlesung die Beziehung seines Denkens zur Metaphysik zur Zeit der Kehre, also Anfang der 1930er Jahre, geändert und spezifiziert. Zunächst sieht Heidegger seine Philosophie in einer gewissen Kontinuität mit der Tradition. In *Sein und Zeit* kritisiert Heidegger, dass die Frage nach dem Sein von der traditionellen Metaphysik nie wirklich gestellt wurde. Er wiederholt diesen Vorwurf 1949 in der *Einleitung*:

> »Die Metaphysik denkt, insofern sie stets nur das Seiende als das Seiende vorstellt, nicht an das Sein selbst.« [93]

Von dieser Kritik aus betrachtet Heidegger seine Fundamentalontologie als eine revolutionäre Erneuerung, aber versucht andererseits ebenso, den Anschluss an die Metaphysik zu sichern. Das zeigt sich darin, dass Heidegger in seiner Antrittsvorlesung behauptet, nicht *über* die Metaphysik zu reden, sondern eine »bestimmte metaphysische Frage zu stellen«. Eine Identifikation mit der Metaphysik, die er allerdings sofort relativiert, indem er sie als nur scheinbar qualifiziert. Im Nachwort und der Einleitung begegnen wir dann einem Heidegger, der sich dazu entschieden hat, die Tradition zu destruieren, sich aber gleichzeitig der Tatsache bewusst ist, dass er auch mit diesem revolutionären Anspruch der Tradition noch verhaftet ist. Ein radikaler Neuanfang ist weder hier noch sonst möglich. Der Angriff auf die Tradition geschieht immer noch unter Bezug auf diese.

Im Nachwort zur Antrittsvorlesung sagt Heidegger denn auch, dass die Frage nach der Metaphysik über die Metaphysik hinaus frage und einem Denken entspringe, das schon »in die Überwindung der Metaphysik eingegangen ist«, während sie doch auch »in gewissen Grenzen noch die Sprache dessen sprechen muss, was sie überwinden hilft«.[94] Sie wäre sonst ja auch gar nicht als eine solche Überwindung erkennbar. Es gilt aber, aus den Bruchstücken einen Neuanfang zu konstruieren. Destruktion und Konstruktion setzen sich gegenseitig voraus.

Zunächst wenden wir uns dem Haupttext der Antrittsvorlesung *Was ist Metaphysik?* zu. Eine Antrittsvorlesung sollte das Programm, das der neue Ordinarius für seine Forschung und Lehre entworfen hat, vorstellen; und genau das macht Heidegger. Seinen Angriff auf die herkömmliche Metaphysik, den er als Erneuerung der Metaphysik von innen maskiert, fängt an mit der scheinbar harmlosen Bestimmung dessen, was unsere Haltung und Einstellung der Welt und den Wissenschaften gegenüber ausmacht. Dabei ist von zentraler Bedeutung, dass Heidegger keinen Unterschied zwischen der Bedeutung (dem im Denken artikulierten Sinn) und der Sache, auf die sie sich bezieht, zulässt. »Phänomenologie« hieß und heißt für Heidegger, dass »die Sachen selbst« nichts anderes bedeutet als unseren Zugang zu den Sachen.

In Anschluss an *Sein und Zeit* – und zugleich kritisch gegenüber diesem Werk – prüft Heidegger, was es mit dem Nichts auf sich hat. Die Wissenschaften, die »unsere Leidenschaft geworden sind«, sind, wie Heidegger sagt, zwar nach wie vor führend, wenn es um unsere praktische Existenz geht, sie lehnen aber das Nichts ab und werden sozusagen eindimensional. Sie werden der Konstellation des Seins, das zugleich das Nichts ist, nicht gerecht. Für die Wissenschaften, die das Seiende erforschen, bleibt, wenn sie das Seiende erforschen, »etwas« übrig. Das ist nicht, wie wir, vertraut mit *Sein und Zeit*, vermuten, das Sein, sondern das Nichts. Schon wieder fing Heideggers Feststellung scheinbar harmlos an: »Erforscht werden soll [von den Wissenschaften] nur das Seiende und sonst – nichts; das Seiende allein und weiter – nichts; das Seiende einzig und darüber hinaus – nichts.«[95] Von dieser scheinbaren Trivialität schreitet der Gedankengang fort, indem sich nun der Blick auf eine Welt hinter der uns selbstverständlichen Welt öffnet. »Philosophie«, so hatte Heidegger, zu Beginn seiner Vorlesung Hegel referierend, gesagt, »ist nach dem gesunden Menschenverstand, die »verkehrte Welt««. Die Gnosis, die Heidegger durch Jonas in Marburg kennen gelernt hat, lehrt, dass die Welt, in der wir leben, eine falsche ist. In der Vorlesung *Die Grundprobleme der Phänomenologie* aus dem Sommersemester 1927 heißt es:

> »Daher ist die Ontologie oder die Philosophie überhaupt im Unterschied von den Wissenschaften von Seiendem die kritische Wissenschaft oder auch die Wissenschaft von der verkehrten Welt.«[96]

Nun zeigt Heidegger, welche »wahre Welt« sich hinter der verkehrten verbirgt: Es ist nicht jene der Philosophie, sondern die des Denkens. Wenn wir diese sehen wollen, müssen wir die Verkehrung wiederum verkehren. Dann sehen wir, dass es »die Verneinung und das Nicht nur gibt, weil es das Nichts gibt«. Heidegger behauptet: »das Nichts ist ursprünglicher als das Nicht und die Verneinung.«[97] Und im Nachwort bestätigt er: »Dieses Nichts west als das Sein.«[98]

Wir sehen, dass Heidegger das kleingeschriebene »nichts« als »Nichts« versteht und es damit als »vollständige Verneinung der Allheit des Seienden«, und so die Selbstreflexivität, die in ihrer Reflexion das Gegebene hinterfragt, in dem es es verneint, als permanent wirkende Kraft fasst. Von Heideggers Bestimmung des Seins her, das ebenfalls als »Wesen« (nicht als statische, platonische Idee, sondern als Verb und damit als Geschehen) zu verstehen ist, ist das konsequent. Wir erinnern uns: Wie gründlich und wieviel Seiendes wir auch immer untersuchen, wir finden nie das Sein. Entsprechend gilt: Wieviel »nichts« wir auch immer in der empirischen Welt entdecken, wir stoßen nie auf das Nichts. Das ontische und das ontologische sind (ab-)grundverschieden. Es ist klar, dass das Sein »seinsmächtiger« ist als das kontingente und vergängliche Seiende, und dasselbe gilt auch für das Nichts.

Schauen wir aber, wie Heidegger seine Überlegungen fortführt. Es kommt ihm zunächst darauf an, einen Unterschied zu machen zwischen unserer Aufmerksamkeit für das einzelne Seiende, das wir selbstverständlich immer als eingebettet in ein umfassendes Ganzes erfahren und unserer Bezogenheit auf das Ganze als solches, etwas, das wir nicht thematisieren und erfassen können. Letzteres heißt allerdings nicht, dass wir es nicht erfahren können. Das Gegenteil ist der Fall. Heidegger verweist auf drei Beispiele: Langeweile, Liebe und Angst. »Die tiefe Langeweile, in den Abgründen des Daseins wie ein schweigender Nebel hin- und herziehend, rückt alle Dinge, Menschen und einen selbst mit ihnen in eine merkwürdige Gleichgültigkeit zusammen.« Beim Beispiel der Liebe findet Heidegger weniger poetische Worte. Er beschränkt sich auf den Hinweis, dass die Gegenwart eines geliebten Menschen eine »andere Möglichkeit einer solchen Offenbarung« des Ganzen sei.

Die Art und Weise, in der das Ganze erfahrbar ist, nennt Heidegger »die Stimmung« oder »das Gestimmtsein«. Die Stimmung ist kein psychisches Phänomen, es geht nicht um ein subjektives Gefühl. Das Ganze ist zwar nicht in einem Urteil fassbar, sehr wohl aber erfahrbar. Für Heidegger ist die Stimmung, in der das Ganze auf ausgezeichnete (Heidegger nennt das: ursprünglichere) Weise und somit besser noch als in der Langeweile, erfahrbar ist, die *Angst*. Um zu verdeutlichen, dass es sich dabei nicht um eine alltägliche Stimmung handelt betont Heidegger, dass die ursprüngliche Angst nur eine augenblickliche sein kann. Wir erinnern uns, dass Aristoteles die höchste Form der Erkenntnis, die *noesis noesesoos* ebenfalls als eine augenblickliche – wir dürfen sagen: als eine Grenzerfahrung gedacht hat. In der Angst wird das Dasein nach Heidegger vor das Nichts gebracht. »Das Nichts«, sagt Heidegger, »enthüllt sich in der Angst«.[99] Damit wird das Seiende im Ganzen hinfällig. Und nun macht Heidegger einen entscheidenden Schritt. Die Hinfälligkeit des Seienden im Ganzen ist, wie Heidegger sagt, »das Wesen des Nichts. Das Nichts selbst nichtet.« Rudolf Carnap, der zum Kreis der logischen Positivsten gehörte, hat diesen Gedanken als sinnlos abqualifiziert. Entscheidend ist dieser Schritt aber, weil nun nicht mehr nur auf eine Wirkung des Nichts abgehoben wird, sondern diese Wirkung als selbstreflexiv gedacht. Mit dem Gedanken der Selbstreflexivität versucht Heidegger zu verdeutlichen, was Transzendenz heißen kann. Damit sind wir bei der zentralen Frage der Vorlesung aus dem Sommersemester 1935 angelangt.

Einführung in die Metaphysik

Die Grundfrage der Metaphysik und dieser Vorlesung lautet in Anschluss an Leibniz: »Warum ist überhaupt Seiendes und nicht vielmehr Nichts?«[100] Wir können diese Frage nach Heidegger nicht direkt angehen, sondern müssen eine Vorfrage stellen: »Wie steht es um das Sein?« Das Stellen der Vorfrage ist nun keineswegs als propädeutische Strategie zu verstehen. Die Frage nach dem Sein ist ebensowenig methodologischer Art. Es geht hier um nichts weniger als um das Schicksal Europas, der Welt, »wobei für Europa selbst unser geschichtliches Dasein sich als die Mitte erweist«.[101] Diese Mitte sei ein Ort der Bedrohung. Europa werde in die Zange genommen durch Russland und Amerika, die beide, metaphysisch gesehen, dasselbe seien. Hier wie dort herrsche »dieselbe trostlose Raserei der entfesselten Technik und der bodenlosen Organisation des Normalmenschen«.[102] Die Frage nach dem Sein ist also keine abstrakte philosophische Frage, sondern eine hochpolitische und existentielle, und Heidegger wird die Frage nach dem Schicksal Europas denn auch mit der Frage nach dem Menschen verknüpfen. Zunächst ist aber zu betonen, dass die Frage nach dem Sein eine geschichtliche ist. Das heißt, dass wir unser heutiges Fragen in Bezug auf die Tradition, also auf die traditionelle Frage nach der Wahrheit, zu verstehen haben. Heidegger setzt dieses Fragen an bei der vorsokratischen Philosophie. Im Zentrum dieses Denkens steht die Frage nach der *physis*. Die ist für Heidegger »das Sein selbst, kraft dessen das Seiende erst beobachtbar wird und bleibt«. Unser Schicksal ist nun, dass mit Platon und Aristoteles und dann mit der Übersetzung der (griechischen) *physis* in die lateinische natura/Natur die entscheidende Entfremdung und der Zerfall der griechischen Philosophie begannen, die bis in die Neuzeit andauern.[103]

Das zeigt sich besonders ausgeprägt an dem, was aus dem Logos der Griechen in der Folge der Umdeutung der *physis* wird. Anfänglich ist Logos nach Heidegger als Sammeln, als das rechte Sagen, als Geschehen der Unverborgenheit zu verstehen. Logos ist ursprünglich also Wahrheit. Dann kommt es zu einer folgenschweren Umdeutung. Der Logos verkommt zur Aussage, zum Urteil und damit zur bloßen Richtigkeit, zur

Trennung von richtig und falsch.[104] »Richtig«, so muss man Heidegger verstehen, heißt, dass es nicht mehr um Wahrheit, sondern nur noch um Information geht. Die Sprache wird instrumentalisiert. Die Antwort auf die Frage, wie es zum Bahnhof geht, ist Mittel zum Zweck.

Gegen diese Art von Sprache als Informationsaustausch setzt Heidegger Sprache als Sprache des Seins, der Unverborgenheit. Sprache als Informationsaustausch impliziert die Trennung von Subjekt und Objekt: Im Urteil wird von jemandem etwas über etwas ausgesagt. Die Sprache der Unverborgenheit, der Wahrheit und des ursprünglichen Fragens ist selbstreferentiell. In dieser bilden das Fragen, das Gefragte und Erfragte eine unauflösbare Einheit. Wenn die instrumentalisierte Sprache die »ursprüngliche« Sprache verdrängt, und das nicht nur in dem Sinn, dass diese an den Rand gedrängt, sondern sogar »vergessen« wird, dann kann das Sein (Wahrheit) auch nicht mehr angemessen angesprochen und gedacht werden. Heideggers Denken versteht sich als Versuch, das Sein aus dieser Vergessenheit zu retten. Weil die Umdeutung von Wahrheit in Richtigkeit sich schon gleich mit dem Anfang der Metaphysik ereignete ist die ganze Geschichte der Metaphysik die Geschichte eines Verfehlens der Wahrheit. Heideggers Denken versteht sich selber denn auch als durch und durch geschichtlich. Es kann sich nicht außerhalb der Geschichte stellen und ist also immer betroffen von der Fehlentwicklung. Gleichzeitig versucht es sich eben aus der Verwechslung von Wahrheit und Richtigkeit, von Sein und Seiendem zu befreien. Dabei hält Heidegger an der Bezeichnung Metaphysik für sein Denken fest, um zu zeigen, dass er sich permanent der Unentrinnbarkeit dieser Erbschaft bewusst ist und sich dennoch davon zu emanzipieren entschieden hat.

Der Terminus »Metaphysik« ist also doppeldeutig geworden. Er bezeichnet sowohl den Niedergang des Denkens als auch jene »Wiederholung« des Anfangs der Vorsokratiker, die Heidegger versucht, um die Frage nach dem Sein (und nicht nur die nach dem Sein des Seienden) angemessen zu stellen. Der Zweideutigkeit dieser Geschichte können wir mit gängigen philosophischen Methoden allerdings nicht entrinnen. Wir bleiben einer Geschichte verhaftet, die Heidegger als »Weltverdüsterung« erfährt. Wir erfahren die »Flucht der Götter, die Zerstörung der Erde, die Vermassung des Menschen, den Vorrang des Mittelmäßigen«.[105]

Dem bleiben wir verhaftet, während wir doch »mit dem ersten Satz schon aus diesem Bezirk wegstreben, um einen anderen Bereich fragenderweise in den Blick zu bringen«.[106] Es geht hier also – *avant la lettre* – um Dekonstruktion. Wir beziehen uns auf die Tradition dergestalt, dass wir das Falsche zerstören, um dem Wahren einen Weg zu bahnen. Für

Heidegger heißt das übrigens nicht, wie er an anderer Stelle geltend macht, dass das Falsche nur negativ bewertet werden muss. Wir haben es gewissermaßen der Falschheit zu verdanken, dass wir nun nach dem Sein fragen können.

Das Überwinden der Tradition kann nicht im Rahmen der alten Paradigmen stattfinden. Das erklärt auch, warum Heidegger ausdrücklich sagt, dass wir die Vorfrage nach dem Sein nicht direkt angehen können. Wir sind gezwungen, mit der Tradition zu brechen. Metaphorisch gesprochen müssen wir, indem wir fragen, einen Sprung machen – einen Sprung aus der kontinuierlich gedachten Zeit. Das Fragen ist entsprechend im Sprung und als Sprung.[107] Es ist ein Ur-sprung und als solcher ein Sprung in den Grund, der, wie wir schon gesehen haben, zugleich ein Ab-grund ist. Das Fragen, das Heidegger im Blick hat, ist zudem selbstreferentiell. Das Fragen ist nicht nur der Akt des Fragens selbst, sondern zugleich das Gefragte und das Befragte. Diese Selbstreferentialität findet Heidegger auch im achten Fragment des Parmenides, in dem die Rede davon ist, dass »Vernehmung [*noein*] und das, worumwillen Vernehmung geschieht [*noema*]« dasselbe ist.[108]

Die Frage nach dem Sein erörtert Heidegger nun in vier Hinsichten: 1. Sein und Werden, 2. Sein und Schein, 3. Sein und Denken und 4. Sein und Sollen. Werden, Schein, Denken und Sollen nennt Heidegger Beschränkungen, weil wir die Vielfalt des Seins auf diese bestimmten Perspektiven reduzieren müssen, wenn wir das Sein denken wollen. Dabei gilt immer noch, dass dieses Denken unzulänglich bleibt, weil wir noch vom Seienden her denken und so der Transzendenz nicht gerecht werden. »Ursprünglich« ist das Sein also ungeschieden und bedarf es also eines entschiedenen, gewalttätigen Zugriffs, diese Vielfalt aufzudröseln.

Von den »Beschränkungen des Seins« sagt Heidegger, dass sie nicht nur die Philosophie, sondern all unser Wissen, Sagen und Tun prägen. Wir müssen sie hier nicht im Einzelnen durchgehen. Die für unsere Darstellung der Metaphysik, wie Heidegger sie begreift, wichtigste Analyse ist die des Verhältnisses von Sein und Denken. Heidegger greift hier anerkennend die Überlegungen von Parmenides und Heraklit auf. Er stützt sich vornehmlich auf das fünfte Fragment des Parmenides, in dem es heißt, dass Sein und Denken eines sind. Heideggers Interpretation dieses Spruchs zeigt auf herausragende Weise, wie Heidegger das ursprüngliche Denken der Vorsokratiker und dessen Verfall einschätzt.

Für uns Moderne ist die Scheidung von Sein und Denken quasi selbstverständlich. Zumindest dann, wenn wir unter Sein die Realität und unter Denken eine intellektuelle Tätigkeit verstehen. Die These des Parmenides, dass Sein und Denken eine Einheit sind, betrachtet Heidegger als Beleg für deren »innere Zugehörigkeit«. Das heißt, dass es eine ursprüngliche Einheit gegeben hat, die das spätere Denken nicht mehr zu denken vermochte. Es differenzierte die ursprüngliche Einheit als instrumentelles Denken und Realität und versperrte sich damit die Möglichkeit, den Ur-sprung oder Anfang des Denkens, die Unverborgenheit, die durch die neuzeitliche Logik verloren gegangen ist, zu vergegenwärtigen.[109]

Heidegger erläutert diese These, indem er das Denken bei Platon und Aristoteles versteht als ein Denken, das sich das Sein »vor-stellt«. Denken wird gleichgesetzt mit der Form von Urteilen, die uns vertraut ist. Im Urteil wird ein Gegenstand oder Sachverhalt objektiviert, vor- und festgestellt, definiert. Damit ist auch die Trennung von einem Subjekt, das denkt und einem Objekt worüber gedacht, bzw. geurteilt wird, gesetzt. Was für das Verständnis von Seiendem und dessen Beurteilung unproblematisch ist, ist es nicht für das Denken des Seins, denn Sein ist eben kein Seiendes – es ist kein »Gegen-stand«.[110] Heidegger hält die Logik, wie sie von Platon und dann von Aristoteles entwickelt wurde für verantwortlich für diese Entwicklung. Wie konnte es zu der nachfolgenden, sich etablierenden, Herrschaft der Logik kommen? Auf diese Frage antwortet Heidegger einigermaßen überraschend, dass es zu dieser Herrschaft nur kommen konnte, weil die ursprüngliche Wahrheit des Satzes nicht mehr festgehalten werden konnte.[111] Zur Herrschaft kann also nur das kommen, was nicht mehr wahr (im ursprünglichen Sinne) ist. Wahrheit gibt es nur für »Starke«, die sich der allgemein anerkannten Gültigkeit der herrschenden (Vor-)Urteile widersetzen können.[112] Ihnen ist das Vermögen eigen, Ambivalenzen und Widersprüche als Anzeichen einer ursprünglichen Wahrheit zu verstehen und sich nicht dem herrschenden Zwang des logischen Widerspruchsverbots zu beugen. Dessen braucht es, um die »Schärfe der Spannung des Gegenstrebigen« im »ursprünglich Einigen« (dem Sein) auszuhalten. Wir müssen nun fragen, wie die »Starken« beschaffen sein müssen um diese Widersprüche auszuhalten.

Im ersten Chorlied der *Antigone* des Sophokles (Zeilen 333-334) findet Heidegger die Einsicht in das Wesen des Menschen. Dort heißt es: »Ungeheuer ist viel, doch nichts ist ungeheuerer als der Mensch.« Heideggers Übersetzung lautet: »Vielfältig ist das Unheimliche, nichts doch über den Menschen hinaus Unheimlicheres ragend sich regt.« Der Mensch verfügt demnach nicht nur über Gewalt, sondern ist wesentlich gewalt-tätig. Der Mensch ist nach Heidegger deswegen gewalt-tätig, weil er dem Überwältigenden des Seienden und damit dem Sein ausgesetzt ist. Das Dasein kann sich dem Sein nicht entziehen, sie bedingen sich gegenseitig. Um es selbst sein zu können, muss das Dasein sich dem Streit (oder dem Kampf, wie Heidegger in Anschluss an Heraklit sagt) von Verbergen und Entbergen, also der Wahrheit aussetzen. Es geht dabei letztendlich um den Streit von Sein und Nichts. Gerade in diesem Streit, in diesem Gegenstrebigen, konvergieren und divergieren Sein und Dasein. Dieses Gewalttätige (*deinon*) übersetzt Heidegger nun auch als das »Un-heimliche«[113] oder gar als das Unheimlichste des Unheimlichen. Nicht, weil es sich hier um eine gefühlsmäßige Einschätzung handeln würde, sondern weil es darum geht, einen radikalen Bruch mit dem Vertrauten, Heimischen und Ungefährdeten anzuzeigen. Stillstand, Erstarrung und Sicherheit sind immer Zeichen des Unwahren und Unwesentlichen.[114] Sein und Dasein, und deren Beziehung sind nur geschichtlich – und dann eben als Kampf zu denken. Es ist also unsere Aufgabe, nirgends heimisch zu sein – und somit permanent grenzüberschreitend zu denken und zu handeln. Grenzen zu überschreiten aber bedeutet immer, gewalt-tätig zu sein.

Wir müssen uns an dieser Stelle vergegenwärtigen, dass Heidegger in seinem Verständnis von »Gewalt« jede Form von Gewalt von Menschen gegen Menschen wie gegen die Natur ablehnt. Eine solche manipulierende, ausbeuterische Gewalt, die alles zum Gegenstand macht und auszunutzen sucht, verschließt unsere Augen und unser Denken vor dem, über das wir Gewalt ausüben – und vor uns selbst. Menschliche Gewalt reduziert alle Beziehungen auf eine Zweck-Mittel-Relation. Sprach Max Horkheimer in einem durchaus ähnlichen Kontext von einem Denken »jenseits instrumenteller Vernunft«[115], so kann man Heideggers Konzept des Handelns als eines jenseits aller Zweck-Mittel-Gewalt bezeichnen. Die Gewalt, um die es Heidegger geht, erschließt demgegenüber gerade erst das, woran wir denken und was wir schaffen:

> »Die Gewalttätigkeit des dichterischen Sagens, des denkerischen Entwurfs, des bauenden Bildens, des staatschaffenden Handelns ist nicht eine Betätigung von Vermögen, die der Mensch hat, sondern ist ein Bändigen und Fügen der Gewalten, kraft deren das Seiende sich als ein solches erschließt, indem der Mensch in dieses einrückt.«[116]

Das schöpferische Schaffen ist ein gewalttätiges, weil es sich gestaltend mit der amorphen Materie, handle es sich nun um Farben, Klänge, Stein oder Sprache, auseinandersetzen muss. Der schöpfende Mensch bricht nach Heidegger in das Un-geschaute, Un-gedachte und Un-gesagte ein und erzwingt das Sicht-, Denk- und Sagbare.[117] Auf die Kunst als das

Ins-Werk-Setzen-der-Wahrheit kommen wir in Kapitel 6 ausführlich zurück. Wir beschränken uns an dieser Stelle auf eine nähere Präzisierung von »Gewalt«. Wir erinnern uns an das fünfte Fragment des Parmenides, in dem es heißt, dass Sein und Denken dasselbe sind. Wir haben auch gesehen, dass wir diese Identität nicht statisch, sondern dynamisch, als Wechselbezug denken müssen – als Wechselbezug von Verbergen und Entbergen. Dieses Wechselspiel ist kein sanftes Hin-und-Herwiegen von einen Extrem ins andere, sondern ein gewalttätiges. Das Sein ist etwas schlechthin Überwältigendes. Um ins Unverborgene zu gelangen, braucht dieses Überwältigende das Denken und die Kunst. Beide Pole, Sein und Denken, können nicht ohne einander sein.

Menschsein heißt nun, die Unverborgenheit in ihrem Rückbezug auf das Verbergen präsent zu halten. Auch dieses ist also kein statisches Festhalten des einst Geleisteten, sondern ein Prozess, der für das Dasein nur mit dem Tod endet. Der Tod ist, wenn man so will, der letzte Schachzug im Kampf des Daseins mit dem Sein. »Nicht-dasein ist der höchste Sieg über das Sein.«[118] Auch dieser Sieg ist selbstreferentiell, denn er wird nur errungen in der höchsten Gewalttat des Daseins gegen sich selbst. Diese ist nach Heidegger nicht eine bloße Möglichkeit, über die das Dasein verfügt oder der es ausgesetzt wäre. Heidegger meint, dass das Dasein diese Möglichkeit *ist*.[119] Und zwar permanent.

Heidegger – Nietzsche – Metaphysik

Es kann zunächst nicht überraschen, dass Heidegger in Nietzsche einen Geistverwandten gesehen hat. Beide sind radikal in ihrem Denken; sie wollten die Philosophie und die Kultur revolutionieren. Sie teilten die Überzeugung, dass Philosophie nicht mehr als System gestaltet werden könne und dass die Geschichte des Abendlandes mit einer Katastrophe enden würde und waren folgerichtig der Meinung, dass die Zerstörung der philosophischen und kulturellen Tradition die Voraussetzung für eine Rettung war. Der historische Verlauf, den Nietzsche als Nihilismus fasste, die »Entwertung aller Werte«, verstand Heidegger als Parallele zu seiner »Geschichte der Seinsvergessenheit« und der »Seinsverlassenheit«. Nietzsches Wort »Gott ist tot« hat Heidegger fasziniert und es spricht unverhohlene Bewunderung aus der Beschreibung Nietzsches (in der *Rektoratsrede*) als derjenige, »der leidenschaftlich Gott« suche. Galt sie nicht auch für Heidegger, der das Sein/Seyn suchte, selber?[120]

Schon in den »erregenden Jahren« zwischen 1910 und 1914 hatte Heidegger *Der Wille zur Macht* gelesen, aber er war damals noch weit entfernt von der Einsicht in die wirkliche Bedeutung, die Nietzsches Werk später für ihn gewinnen würde. Die Erwähnung in der Rektoratsrede ist ein erster Hinweis auf eine Seelenverwandtschaft, aber vermutlich auch taktisch zu werten. Allerdings sah er in Nietzsche auch den letzten Metaphysiker, den es, wie die gesamte Metaphysik vor ihm, zu bekämpfen galt.[121]

Nietzsches Philosophie war, wie keine andere, für Heideggers Inspirationsquelle, Bestätigung seiner Geschichts- und Kulturkritik, aber auch eine Herausforderung. Es ging dabei nicht um eine Interpretation, sondern um eine kämpferische Aus-einander-setzung und er sprach davon, dass Nietzsche »ihn kaputt gemacht habe«.[122] Er verhehlte sowenig wie bei seiner Kantkritik, dass seine Interpretation Nietzsches gewaltsam sei. Außerdem bezieht sich Heidegger hauptsächlich auf die von Nietzsches Schwester kompilierte Textsammlung, die es als *Der Wille zur Macht* zu Weltruhm gebracht hat. Das tat er auch noch, nachdem er als Redaktionsmitglied der neuen Nietzscheausgabe dieses Machwerk als Fälschung erkannt hatte.

Nietzsches Werk gewann für Heidegger große Bedeutung erst, nachdem er als Rektor der Freiburger Universität im Amt gescheitert war.[123] Entscheidend dafür war Heideggers Neuorientierung nach der »Verunglückung« von *Sein und Zeit.*[124] Die erste Veröffentlichung (1935), mit der Heidegger seine Auseinandersetzung mit Nietzsche dokumentierte, war *Nietzsches Wort ›Gott ist tot‹* in *Holzwege* (1950). 1954 erschien *Wer ist Nietzsches Zarathustra?* in *Vorträge und Aufsätze.* Die für seine Nietzscherezeption entscheidenden Texte sind allerdings die veröffentlichten Vorlesungen aus den Jahren 1936 bis 1940. Sie erschienen 1961, ergänzt durch *Abhandlungen aus den Jahren 1940/1946.* Im Rahmen der Gesamtausgabe liegen sie inzwischen auch in der zum Teil erheblich abweichenden Vortragsfassung vor.[125]

Heidegger beabsichtigte in diesem Zusammenhang auch der Kunst, die in *Sein und Zeit* keinen Ort gefunden hatte, einen angemessenen Platz in seinem Denken einzuräumen. Das bezeugen auch die Vorlesungen und Aufsätze zu Hölderlins Hymnen, die er ab dem Wintersemester 1934/35 bis 1942 hielt, also zeitgleich mit seinen Nietzsche-Vorlesungen.

Politik und Ethik

»Es ist ein Irrtum zu meinen, an der deutschen Universität gäbe es eine Reaktion. Es gibt keine Reaktion, weil keine Umwälzung (Revolution) da ist, und diese ist nicht, weil man nicht begriffen hat, wo man anfangen soll.«[126]

Heidegger und die Politik – das heißt vor allem: Heidegger und der Nationalsozialismus. Wird man das Kapitel je abschließen können? Das ist wenig wahrscheinlich, denn man kann die historischen Vorgänge in den Jahren 1933/34 und die Tatsachen, wie Heidegger sie in seiner Rechtfertigungsschrift *Tatsachen und Gedanken*[127] darstellt, immer wieder neu und anders bewerten. Und so kann es nicht erstaunen, dass nach der Flut der mehr oder weniger polemischen Aufsätze und Bücher noch in den letzten Jahren zwei Bücher erschienen sind, die nicht konträrer sein könnten.

Zunächst veröffentlichte Emmanuel Faye 2005 *Heidegger. L'introduction du Nazisme dans la Philosophie.*[128] Er überbietet mit diesem Werk einige Bücher seines Vaters, Jean Pierre Faye, wenn er schreibt, dass in Heideggers Werk kein einziger Satz vorkomme, mit dem Heidegger nicht den Nationalsozialismus rechtfertigt. Folgerichtig solle verboten werden, Werke Heideggers im Unterricht zu behandeln, und sollten sie aus den Bibliotheken verbannt werden. Ein umfangreiches Widerwort blieb nicht aus. Zwei Jahre später erschien ein 500 Seiten starker Band, *Heidegger à plus forte raison*, in dem elf Experten Emmanuel Faye – oft zu Recht – Irrtümer und Fehlinterpretationen nachweisen. Auch ohne umfassende Heideggerkenntnisse kann man den Unsinn von Emmanuel Fayes These erkennen. Doch die Feststellung, dass Faye weit über das Ziel hinausschießt, relativiert nicht die Notwendigkeit, daran zu erinnern, welche skandalöse Äußerungen Heidegger während des Rektorats (und später) von sich gegeben hat.

Der »Aufruf an die Deutschen Studenten« vom 3. November 1933,[129] die »Wahlkundgebung der Wissenschaft« in Leipzig am 11. November 1933, die Tübinger Rede vom 30. November 1933, »Die Universität im nationalsozialistischen Staat«[130] und der »Ruf an die Gebildeten in der Welt« vom 13. Dezember 1933[131] zeugen von einer bedingungslosen Unterordnung unter Hitler und die Partei. Beispielhaft ist hier auch das »Bekenntnis zu Adolf Hitler und dem nationalsozialistischen Staat«, das Heidegger 1933 in Dresden vortrug.[132]

Heidegger hat später versucht, seine Rolle als Rektor der Freiburger Universität im Nachhinein und die Lobeshymnen auf die nationalsozialistische »Revolution« und Hitler zu verharmlosen. Als Beispiele für Heideggers Gesinnung sei hier weiter auf die Rede verwiesen, die Heidegger auf der Gedenkfeier für den von den Nationalsozialisten zum Helden stilisierten Albert Leo Schlageter hielt. Dessen Verurteilung und

Hinrichtung wegen Sabotage durch die französische Armee im Jahr 1923 verklärte er mit nationalistischem Pathos und metaphysischer Überhöhung des Schwarzwaldes. Es ist da die Rede von dem »schwersten und größten Tod«, von der »Härte des Willens« und von der »Herbstsonne des Schwarzwaldes«, die »seit langem die Klarheit des Herzens nährt«.[133]

Auch ordnete Heidegger für seine Antrittsrede als Rektor im April 1933 an, dass das Horst-Wessel-Lied gesungen werde und dass die Gäste beim Absingen der 4. Strophe die rechte Hand heben sollten. Auch befahl er, dass die Studenten und die Dozenten beim Beginn der Vorlesung die Hand zum Hitlergruß heben sollten. Es ist unumgänglich, diese und andere Beispiele für Heideggers Identifikation mit dem Nationalsozialismus anzuführen, wenn es darum geht, sich ein Bild von Heideggers Verhalten unter der Hitlerdiktatur zu machen. Wir müssen uns allerdings dabei auch vor Augen halten, dass trotz der Aggression gegen Juden noch Vieles offen schien. An eine Umsetzung der Ziele, die Hitler propagierte, geschweige denn an eine dauerhafte Reichskanzlerschaft mochten viele, auch politisch sensible Zeitgenossen und Betroffene wie Max Horkheimer, Theodor W. Adorno und Viktor Klemperer lange nicht glauben.

Wir versuchen an dieser Stelle vor allem zu klären, ob es systematische Übereinstimmungen zwischen Heideggers Denken und den wichtigsten ideologischen Zielsetzungen des Nationalsozialismus gab; ob also inhaltlich bestimmte Verbindungen zwischen beiden existierten. Es ist dann weiter zu fragen, inwiefern Heideggers politische Einstellung seine Ethik, wenn es denn eine solche geben sollte, beeinflusst hat. Ich werde an dieser Stelle nur global auf die sehr komplizierten Fragen, die sich hier ergeben, eingehen können. Zunächst aber zu den Tatsachen.

Heidegger wurde am 21. April 1933 zum Rektor der Albert-Ludwigs-Universität zu Freiburg im Breisgau gewählt. Er selbst hat die später widerlegte Behauptung in die Welt gesetzt, dass er sich dieser Wahl zunächst widersetzt habe und das Amt nur unter Druck der Kollegen und »um Schlimmeres zu verhüten« angetreten habe. Diese Selbstrechtfertigung wurde durch die Forschungsergebnisse Hugo Otts mittlerweile als unzutreffend nachgewiesen. Am 23. April 1934 trat Heidegger von seinem Amt zurück.[134]

Schon lange, bevor Heidegger in Erwägung zog, sich zum Rektor wählen zu lassen, hatte er eine große Affinität zu Einstellungen, Bewegungen und Organisationen, die auch im Nationalsozialismus eine wichtige Rolle spielten. Es bestanden seit 1930 Beziehungen zum Nationalsozialistischen Deutschen Studentenbund (NSDStB). Heidegger war ein entschiedener Gegner des Kommunismus, des Liberalismus und des »Systems« des Katholizismus. So schrieb er am 6. Februar 1934 an den Reichsführer der Deutschen Studentenschaft: »Man kennt katholische Taktik immer noch nicht. Und eines Tages wird sich das schwer rächen.«[135] Er hatte große Sympathien für die deutsche Jugendbewegung, die – wie etwa der *Wandervogel* – Schüler und Studenten aus den erstarrten, staubigen bürgerlichen Wertvorstellungen lösen wollte. Es waren auch diese Vereinigungen, die die von Heidegger für notwendig erachtete Universitätsreform unabhängig von ihm und vor ihm zustande zu bringen versuchten. Diese Reform, die vor allem ein Mitspracherecht für Studenten und Dozenten bei der universitären Selbstverwaltung einklagte, hatte Heideggers volles Einverständnis, und das brachte viele Kollegen der Ordinarienuniversität, die ihre Privilegien gefährdet sahen, gegen ihn auf. Er verachtete die traditionelle Standesuniversität, weil sie zum Selbstbedienungsladen der Dozentenschaft verkommen sei und wohl auch, weil jüngere Dozenten wie er selbst in ihr schlechte Aufstiegschancen hatten. Dem Asketen Heidegger war die akademische Freiheit, in der er nur einen Freibrief für Unverbindlichkeit und Hedonismus sah, zuwider. Er hasste die Weimarer Republik mit ihrer nur eingeschränkt funktionierenden parlamentarischen Demokratie. Nicht, dass er deswegen für einen besseren Parlamentarismus eingetreten wäre. Im Gegenteil. Wie viele seiner Zeitgenossen hoffte Heidegger auf einen nationalen Neuanfang unter einem starken Führer, der, wenn er den Anspruch erhob, eins mit dem Volk zu sein, die wirkliche Herrschaft des Volkes, die wahrhafte Demokratie realisiere. Noch in einem Spiegel-Interview von 1966, das auf Heideggers Wunsch hin erst nach seinem Tod (am 31. Mai 1976) publiziert wurde, bekundete Heidegger sein Misstrauen in die Demokratie.[136]

Und schließlich: Heidegger war der Überzeugung, dass die traditionelle Philosophie von Anfang an die falsche Frage gestellt habe und seit 2000 Jahren einer Selbsttäuschung anheimgefallen sei. Da helfe keine Reform mehr. Alle unsere Einsichten seien korrumpiert – eine Revolution müsse her. Im aufkommenden Nationalsozialismus, der ebenfalls eine Revolution predigte, sah Heidegger sozusagen eine Parallel- oder gar Konvergenzaktion. Wir können Heidegger zugestehen, dass er zur Zeit seiner Entscheidung das Rektorenamt anzutreten, kein politischer Mensch war.[137] Er war allerdings schon sehr naiv, als er die von ihm angestrebte Revolution der Philosophie, die als Wiederholung des Anfangs der griechischen Philosophie konzipiert war mit der nationalsozialistischen »Revolution«

identifizierte. Ein politisches Programm mit Hilfe von Institutionen umzusetzen, war allerdings weder Heideggers Intention noch die der Nazis.[138] Es ging Heidegger nicht um politische Programme, sondern um eine kulturelle Revolution, die jenseits des praktischen Alltags angesiedelt war. Heidegger hatte weder in *Sein und Zeit* und erst recht nicht später irgendeine Vorstellung von einer praktischen Beziehung zwischen dem Dasein und seiner gesellschaftlich-politischen Umwelt.[139] Als er sich für den Nationalsozialismus engagierte, stellte er seine philosophische Revolution in den Dienst einer praktischen und dezisionistischen Politik. Das war ein Kurzschluss von Philosophie und Praxis, mit dem er die fehlende philosophische Vermittlung überbrückte.

Praktisch wollte Heidegger die Universität vor der von den Nazis geplanten Degradierung zu einer allein anwendungsorientierten Fachhochschule retten und zugleich die Philosophie wieder zur Dominanz über die Fachwissenschaften verhelfen. Er war schon damals davon überzeugt, dass die rein instrumentalistisch verstandene Wissenschaft zu einer katastrophalen, letztlich nur von wirtschaftlichen Interessen bestimmten Ausbeutung von Natur und Mensch führen würde. Dagegen könne man sich nur mit einer Revolution in Permanenz wehren. Eben diese permanente Revolution wollte Heidegger in seinem Denken verwirklichen. Für die nationalsozialistischen Funktionäre war »Revolution« nur so lange eine Option, wie sie noch nicht die Macht erobert hatten, sie durchschauten Heideggers Intention und warfen ihm Privatnationalsozialismus vor.[140]

Zurück zu den historischen Fakten: Wie wurde Heidegger zum Rektor gewählt? Heidegger behauptet, dass sein Amtsvorgänger Wilhelm von Möllendorf, der nach kurzer Amtszeit, angeblich auf eine Ministerweisung hin, seinen Rücktritt erklärt hatte, ihn, zusammen mit dem Prorektor Josef Sauer, gedrängt habe, das Amt zu übernehmen. Er habe gezögert, weil ihm klar gewesen sei, dass er es mit zwei einflussreichen Gegnern zu tun haben werde: den Vertretern des »Alten« und des »Neuen«. Mit dem »Alten« meint Heidegger die traditionelle Wissenschaft und Universität. Ihre Verteidiger träten für den Fortschritt der fachwissenschaftlichen Erkenntnis und deren praktische Anwendung ein. Das aber, worum es wirklich geht, »die Besinnung auf die Wesensgrundlagen« täten sie als »abstrakt philosophisch« ab, statt sie zu vollziehen und »*aus diesem Vollzug*« zu denken.[141] Was, von der *normal science* aus gesehen, das Abstrakte ist, die Frage nach dem Sein (wie Heidegger sie in *Sein und Zeit* stellte), ist für Heidegger also das Konkrete und Praktische schlechthin.

Wir stoßen an dieser Stelle, an der Heidegger sein politisches Engagement begründet, auf seine inzwischen vertraute Strategie der Verkehrung der gängigen Vorstellungen. Nur der Umkehrschluss gewähre Einsicht in die Wahrheit. Infolgedessen ist das, was man zunächst für wahr hält, die Unwahrheit und umgekehrt. Und hier liegt die Wurzel für Heideggers Überzeugung, dass praktische Anwendung von Erkenntnissen die wahre Sicht auf die Welt und uns selber verstellen. Das »Neue«, das sich (wie Heidegger im Rückblick das nennt) als »politische Wissenschaft« präsentiert, verfehlt genauso die Wahrheit, denn auch sie macht die Erkenntnis zu etwas, das man anwenden kann. Deutlich ist also, dass Heidegger mit »Vollzug« nicht das meint, was man gemeinhin darunter versteht, sondern eine Tätigkeit, die nicht auf das Erreichen eines Zieles gerichtet ist, sondern auf das »Tätig sein« (und -bleiben), also auf das In-Bewegung-Bleiben in Permanenz, das die gängige Erstarrung als Unwahrheit bloß stellt.

Heidegger rechtfertigte 1945 seine Kandidatur für das Rektorat mit drei Argumenten: Er habe »in der zur Macht gekommenen Bewegung die Möglichkeit zu einer inneren Sammlung und Erneuerung des Volkes und einen Weg zu seiner geschichtlich-abendländischen Bestimmung« gesehen. Außerdem habe er im Rektorat eine Möglichkeit erkannt, »alle vermögenden Kräfte – abgesehen von Parteizugehörigkeit und Parteidoktrin – dem Vorgang der Besinnung und Erneuerung zuzuführen« und drittens »dem Vordringen ungeeigneter Personen und der drohenden Vormacht des Parteiapparates und der Parteidoktrin begegnen zu können«.[142]

Am ersten Argument fällt auf, dass Heidegger von der zur Macht gekommenen »Bewegung« und nicht von der Partei spricht. Tatsächlich unterscheidet Heidegger genau zwischen Bewegung und Partei. Der Bewegung billigt er hier und auch später einen revolutionären Impuls zu und grenzt sie damit gegen die Partei ab. So wird er auch noch 1953 in die *Einführung in die Metaphysik*, die Erstveröffentlichung der Vorlesung aus dem Sommersemester 1935, den skandalumwitterten Satz einfügen, in dem die Rede von der »inneren Größe und Wahrheit der Bewegung« ist. Rainer Marten hat 1988 berichtet, dass Heidegger diesen Satz, der nicht in der ursprünglichen Fassung der Vorlesung vorkam, bei der Neuveröffentlichung eingefügt hat.

Dass Heidegger die Partei als die erstarrte Gestalt der Bewegung sah, geht auch aus dem zweiten Argument hervor. Der Partei als institutionalisierter Form des Denkens (Doktrin) setzt er Besinnung und Erneuerung (und das heißt für ihn: Revolution) entgegen. Zwei Konzepte, die man schwerlich institutionalisieren kann. Schließlich kommt Heidegger mit dem dritten Argument auf »ungeeignete Personen« zu sprechen. Damit mag er seine Kollegen Ernst Krieck und Alfred Baeumler gemeint haben, die mit ihm um philosophischen Einfluss in der Partei konkurrierten. Es ist nicht allzu spekulativ, zu vermuten, dass Heidegger in der politischen Revolution eine Chance sah, seine Philosophie zu einer Monopolposition zu verhelfen. Für diese Annahme spricht auch das von ihm entworfene Konzept einer Akademie, an der alle Hochschullehrer regelmäßig denkerisch (heideggerisch) geschult werden sollten. Dieses Projekt sollte – wie das Rektorat – scheitern.[143]

Heideggers Darstellung dessen, was im Vorfeld der Wahl geschah, weicht ab von dem, was Otts Forschungsergebnisse ans Licht gebracht haben. So stimmt es nicht, dass Heideggers unmittelbarer Vorgänger Wilhelm von Möllendorf sein Amt auf Weisung des Ministers aufgegeben habe. Möllendorf, der mit der Sozialdemokratie sympathisierte, trat vielmehr zurück, weil er mit seinen demokratischen Auffassungen mit den Nazis in Konflikt geriet. Weder er noch sein Vorgänger Prälat Josef Sauer haben Heidegger gedrängt, Rektor zu werden. Sauer bezweifelte in einem Gespräch mit dem überzeugten Nationalsozialisten Wolfgang Schadewaldt Heideggers Eignung, weil dieser doch gar keine Erfahrung in Verwaltungsangelegenheiten habe. Für Schadewaldt kam es aber mehr darauf an, dass der neue Rektor das, was man verharmlosend die »Gleichschaltung« der Universität nannte, und den Ausschluss der »nicht-arischen« Kollegen vorantreiben würde. Es war außerdem so, dass mehrere nationalsozialistisch gesinnte Kollegen die Kandidatur Heideggers mit dessen Zustimmung kräftig förderten. Es ist weiter unzweifelhaft, dass Heidegger für seine Philosophie und sich selber Einfluss zu gewinnen suchte. Es mag dabei auch der Ehrgeiz seiner Frau Elfride (1893–1992), die bis zu ihrem Tod eine überzeugte Nationalsozialistin geblieben ist, eine erhebliche Rolle gespielt haben.[144]

Heidegger wurde dann planmäßig, fast einstimmig, zum Rektor gewählt. Dabei ist freilich anzumerken, dass dreizehn von dreiundneunzig Professoren zuvor aufgrund der nationalsozialistischen Rassengesetze ihrer Ämter enthoben worden waren. Den meisten Senatoren war die Affinität Heideggers zu den Nazis wohl unbekannt; sie erhofften sich von dem Philosophen offenbar einen gewissen Schutz gegen noch radikalere Umtriebe. Heidegger war am Ziel: Er konnte sich als »Führer Rektor«, wie er sich nennen ließ, daran machen, die Universität über den Leisten seiner Philosophie zu schustern. Die erste Probe lieferte die als »Rektoratsrede« bekannte Antrittsrede, die er am 27. Mai 1933 hielt, nachdem er am 1. Mai in die Partei eingetreten war.

Die Rektoratsrede

In Heideggers Antrittsvorlesung als Rektor, *Die Selbstbehauptung der deutschen Universität*, kommt die Identifikation seiner philosophischen und politischen Ziele mit denen der von ihm der nationalsozialistischen Revolution unterstellten klar zum Ausdruck. In ihr manifestiert sich jenes kämpferische Pathos, das Winfried Franzen zutreffend als »Sehnsucht nach Härte und Schwere« charakterisiert hat.[145] Es ist viel die Rede von Kampf, Heroismus, Schicksal, vom Wesenswillen, von der Unerbittlichkeit unseres geistigen Auftrags und von dem Gepräge der Geschichte. Wir finden hier eine eigentümliche Mischung von aktionistischen Appellen und der Unterordnung unter das Schicksal, wie wir sie auch aus *Sein und Zeit* als das Zugleich von »Entschlossenheit« und »Geworfen-sein« kennen.

Dieses eigentümliche Schillern zwischen Kampfparolen und Interpretation der Vorsokratiker führte, wie Löwith hellsichtig sagte, dazu, dass man, nachdem man die Rede gehört hatte, nicht wusste, ob man nun nach Hause gehen sollte, um die Vorsokratiker zu lesen oder sich der marschierenden SA anschließen sollte.

Zum Teil schöpft die Rektoratsrede ihre Inspiration aus Platons *Politeia*. Heidegger unterscheidet wie Platon drei Gruppen im Staat. Es gebe jene, die »Wehrdienst«, solche, die »Arbeitsdienst« und andere, die »Wissensdienst« leisten. Diese drei sollten »ursprünglich zu *einer* prägenden Kraft« sich zusammenfinden.[146] Unmissverständlich ist aber, dass diejenigen, die »Wissensdienst« leisten, an der Spitze stehen, wobei es nicht so ist, dass Philosophen die Regierenden sein müssen – ihre Führung ist nicht unmittelbar, sie ist geistiger Art. Das »Geistige« ist für Heidegger nichts Ruhendes, Abstraktes oder Abgehobenes. Im Gegenteil: Es ist gewalttätig. Es ist ersichtlich, dass Heidegger in der Rektoratsrede mehr an Kultur denkt als ans politische Tagesgeschäft. In diesem Sinne ist auch die naive Vorstellung Heideggers zu verstehen, er könne »den Führer führen«.[147] In seinem Kommentar zu Platons Höhlengleichnis versichert Heidegger, dass ein solcher Führungsanspruch nicht heiße, »daß die Philosophieprofessoren Reichskanzler werden sollen; das wäre von vorneherein ein Unglück. Aber es bedeutet, daß die Menschen, die die Herrschaft des Staates in sich tragen, philosophierende Menschen sein müssen.«[148]

Die Rückgriffe auf Platon und die Geschichte der Philosophie zeigen, welche Bedeutung Heidegger dem »Geschichtlichen« überhaupt zusprach. Das »Geschichtliche« bot ihm hier die Möglichkeit, vor einer erweiterten Öffentlichkeit die These vom verfehlten »Anfang«, dem die

»christlich-theologische Weltdeutung« und das »mathematisch-technische Denken« ihre Erfolge zu verdanken haben, vorzutragen. Wir müssen also diesen verfehlten Anfang neu versuchen, »uns unter die Macht des *Anfangs* unseres geistig-geschichtlichen zu stellen«. Als solcher liegt der Anfang nicht hinter uns, sondern vor uns. Zu diesem Versuch setzt Heidegger nun eine starke und teilweise doppeldeutige Rhetorik des Wollens, des Kampfes, der Notwendigkeit, des Schicksals und des Sich-Fügens ein. »Nur wenn wir dieser fernen Verfügung entschlossen uns fügen, um die Größe des Anfangs zurückzugewinnen, nur dann wird uns die Wissenschaft zur innersten Notwendigkeit des Daseins.«[149] Den inzwischen berühmten Schluss bildet die deutsche Übersetzung eines Passus aus Platons *Politeia*: »Alles Große steht im Sturm.« (497 d 9) Das ist eine fragwürdige Übersetzung, denn es sollte heißen: Alles Große ist bedenklich bzw. gefährdet. Die richtige Übersetzung hätte den Nazis wohl nicht gefallen, und der Sturm passte wohl besser zu der heroischen Atmosphäre, die Heidegger beschwören wollte.

Mit dem Rückgriff auf die Griechen und der Hervorhebung der Bedeutung des Geschichtlichen und des Anfangs wollte Heidegger den Nazis bekunden, dass sein Denken ihre revolutionäre Intention unterstützte und anleiten könnte, was diese wohl eher befremdet haben mag. Unmissverständlich waren dagegen die vielen Äußerungen Heideggers während des Rektorats im tagespolitischen Kontext zwischen April 1933 und April 1934. So heißt es in der Ansprache zum Beginn des Wintersemesters 1933/34: »Nicht Lehrsätze und ›Ideen‹ seien die Regeln Eures Seins. Der Führer selbst und allein *ist* die heutige und künftige deutsche Wirklichkeit und ihr Gesetz.«[150] Und auch nach dem Scheitern des Rektorats und der Enttäuschung, die ihm das NS-Regime bereitet hatte, hielt Heidegger an seinem revolutionären Anspruch fest. In der Vorlesung *Logik als die Frage nach dem Wesen der Sprache* aus dem Sommersemester 1934 (sie wurde von Heidegger an Stelle der angekündigten Vorlesung »Der Staat und die Wissenschaft« gehalten) heißt es:

> »Es ist ein Irrtum zu meinen, an der deutschen Universität gäbe es eine Reaktion. Es gibt keine Reaktion, weil keine Umwälzung (Revolution) da ist, und diese ist nicht, weil man nicht begriffen hat, wo man anfangen soll. Gewisse Leute wollen eine Revolution auch gar nicht; es könnte sich nämlich herausstellen, daß sie dabei sich als höchst überflüssig erweisen.« [151]

Mit den »gewissen Leuten« sind die Parteikader und jene Kollegen gemeint, die Heideggers radikale Gleichschaltungspläne ablehnten – sie könnten sich als »überflüssig« erweisen, wenn dann doch noch die wahre nationalsozialistische Revolution, an deren Spitze Heidegger sich offenbar nach wie vor wähnte, kommen sollte. Auch die Rede vom »Anfangen« zeigt Heideggers Engführung von politischer und philosophischer Revolution. Im Zusammenhang mit seiner Interpretation des Fragments 53 von Heraklit, in dem gesagt wird, der Kampf sei der Vater aller Dinge, heißt es:

> »Es ist *nicht Willkür* oder gar irgendein gelehrter Brauch, sondern *tiefste Notwendigkeit* unseres deutschen Daseins, wenn wir in diesen griechischen Anfang *zurückhören.* Es bedeutet: begreifen lernen, daß jener große Anfang unseres Daseins über uns hinweg uns vorausgeworfen ist als jenes, was wir einzuholen haben, – wiederum nicht, um ein Griechentum zu vollenden, sondern um die Grundmöglichkeiten des urgermanischen Stammeswesens auszuschöpfen und zur Herrschaft zu bringen.«[152]

»Anfang« ist nicht nur hier, sondern überhaupt das Schlüsselwort zum Verständnis des Heideggerschen Denkens. Wir sollen nicht vorwärts streben (das wäre Fortschritt, Moderne), sondern zurück zum Anfang. Zu jenem Anfang, den die Griechen, wenn auch nicht im Denken, so doch in der Erfahrung des Seins gemacht hätten. Philosophisch gesehen ist der Auftrag, diesen Anfang zu verwirklichen, noch etwas verwickelter, denn Heidegger will dieses Denken des Anfangs auf Dauer stellen. Das heißt, dass der Anfang in jedem Moment gedacht werden muss. Der Anfang, der (als verfehlter) hinter uns liegt, und jener, der (als Aufgabe) vor uns liegt, ist in jedem »Jetzt« da. Zumindest dann, wenn wir »eigentlich« sind – dann sind wir »anfänglich«. Alle Philosophen sind und bleiben denn auch, wenn sie authentisch sind, »Anfänger«. Wenn Heidegger sich nach dem Rektorat enttäuscht von der Partei abwendet, wird er dieser denn auch vorwerfen, bloß einen Aufbruch, keinen Anfang zustande gebracht zu haben.

Nach dem Scheitern des Rektorats übte Heidegger nicht ohne Chuzpe Kritik an nationalsozialistischen Ideen. In Vorlesungen über Hölderlin und Nietzsche, die sich die Nazis als weltanschauliche Galionsfiguren zurechtgemacht hatten, zeigt er, wie haltlos diese ideologischen Verdrehungen waren. Was Hölderlin anlangt, ging es bei Heidegger allerdings nicht ohne Selbstmystifikation ab. Er stellt eine besondere Beziehung zwischen sich und Hölderlin her, indem er darauf hinweist, dass sein (Heideggers) Großvater um die Zeit der Entstehung der Hölderlinschen »Isterhymne« (Ister ist der griechische Name für die Donau) und des Gedichts »Andenken«, im Donautal geboren wurde.[153] Im Rückblick auf das Rektorat kam er zur bitteren Einsicht:

> »Und sonst sind mir auch zwei Pfähle, die Auseinandersetzung mit dem Glauben der Herkunft und das Mißlingen des Rektorats – gerade genug an solchem, was wirklich überwunden sein möchte.«[154]

Es ist unbestreitbar, dass Heideggers Rhetorik 1933 -1934 nahtlos zum NS-Jargon passte und er hat sich auch später abfällig über Juden geäußert. Das ändert aber nichts daran, dass er, was die Übersetzbarkeit seiner Philosophie in Parteipolitik anlangt, einem schweren Selbstmissverständnis zum Opfer gefallen ist. Heidegger glaubte seine Bejahung der nationalsozialistichen Revolution nicht widerrufen zu können, ohne den revolutionären Anspruch seines Denkens zu verraten. Er übersah dabei, dass die Partei die uneingeschränkte Instrumentalisierung unserer Erkenntnisse anstrebte. Das war aber nun genau das, was er bei den Vorsokratikern als Seinsvergessenheit kritisiert hatte. In dem Augenblick, in dem Heidegger meinte, sein Denken in Dienst der Partei stellen zu können und zu müssen, vergaß er also die Vielschichtigkeit seines Denkens, das keine andere Aufgabe hatte als eben zu vermeiden, dass das Denken sich auf die Dichotomie richtig/falsch, Partei/Gegen-Partei reduzieren würde. Der Widerruf seines NS-Engagements wäre, ironischerweise, also genau das gewesen, mit dem Heidegger seine ursprüngliche Einsicht gerettet hätte. Nur wenn Heidegger mit seinen politischen Ansichten ebenso selbstkritisch umgegangen wäre wie mit seinen philosophischen Einsichten, wäre er diesen gerecht geworden.

Warum scheiterte Heidegger als Rektor?

Der Fehlschlag des Rektorats hat mehrere Gründe. Der wichtigste war Heidegger selber. Mit seiner forschen Aktion, die Gleichschaltung der Freiburger Universität noch vor der Verabschiedung des entsprechenden Gesetzes durchzusetzen, verprellte er viele konservative und liberale Professoren. Hinzu kam, dass Heidegger sich nicht scheute, das Datum einer Rektorenkonferenz mit diesem Ziel zu manipulieren. Die meisten Professoren standen dem Nationalsozialismus und damit auch Heideggers Identifikation ohnehin skeptisch gegenüber – auch wenn sie sich kaum gegen die Amtsenthebung ihrer jüdischen Kollegen und gegen weitere Schandtaten wie die Bücherverbrennung wehrten. Heideggers kompromisslose Versuche, die Studenten aus Vorlesungen und Seminaren abzuziehen und zu Wehrdienstübungen und Arbeitsdienst zu verpflichten, wurden von den Kollegen nicht geschätzt. Es waren vor allem die Lehrkräfte der medizinischen Fakultät, die eine geordnete

Laborarbeit und damit die Ausbildung ihrer Studenten für ernsthaft gefährdet hielten.

Das Scheitern des Rektorats lag auf jeden Fall nicht an den Gründen, die Heidegger in seinen *Tatsachen und Gedanken* anführt. Er behauptete, dass er sich der Weisung des Ministers, die Dekane von Möllendorf und Wolf zu entlassen, nicht beugen wollte und deswegen zurückgetreten sei. Das stimmt nicht. Seitens des Ministers lagen überhaupt keine Vorwürfe gegen von Möllendorf vor. Im Fall des Dekans Erik Wolf wurde Heidegger zwar nahegelegt, ihn zu entlassen, aber nicht aus politischen Gründen. Wolf war damals, anders als später, ein überzeugter Nationalsozialist und ein großer Anhänger Heideggers. Für das Ministerium bestand deswegen kein Grund gegen ihn vorzugehen. Im Gegenteil: In seinem Übereifer, die juristische Fakultät nach dem Führerprinzip auszurichten, war Wolf den juristischen Kollegen zu weit gegangen, hatte ihr Vertrauen verspielt und war in der Hochschule unhaltbar geworden.

Ist Heideggers Philosophie nationalsozialistisch?

»Ja« sagt, wie wir schon gehört haben, Emmanuel Faye. Nach ihm gibt es keinen Text von Heidegger, der nicht nationalsozialistisch gewesen wäre. Und vor ihm vertraten Farías, Schneeberger und Ebeling diese Auffassung. »Nein« sagen die Autoren im Band *Heidegger, à plus forte raison* und weitere französische Philosophen, die sich, wie Jean Beaufret, nicht alle erfolgreich gegen den Vorwurf des rechtsradikalen Revisionismus wehren können, und deutsche Autoren wie Vietta und Pöggeler.

Wenn wir ein »Ja« oder ein »Nein« begründen wollen, müssen wir uns erst fragen, ob, und wenn ja, welche Übereinstimmungen es zwischen Heideggers Philosophie und nationalsozialistischem Gedankengut gibt. Das letztere ist hier hauptsächlich relevant für die Zeit, in die das Rektorat fällt und nicht leicht zu bestimmen, weil es zu Anfang der Naziherrschaft sehr unterschiedliche Strömungen und heftige Auseinandersetzungen um den richtigen Kurs gab. Man denke nur an die nationalrevolutionäre Fraktion, die von den Brüdern Otto und Gregor Strasser geleitet und 1934 durch die Morde an Ernst Röhm und weiteren SA-Führern zerschlagen wurde.[155]

Es lassen sich aber unschwer zwei Säulen identifizieren, auf denen der Nationalsozialismus ruhte, und die für die Ermittlung einer Übereinstimmung und Differenz zwischen Heidegger und dem NS von Belang sind, ausmachen: Führerprinzip und Rassismus. Ein dritter Bezugspunkt ist das Verhältnis zur Wissenschaft, Technik und der damit zusammenhängenden Hochschulpolitik. Der vierte Bezugspunkt ist die Frage nach dem Revolutionsbegriff bei Heidegger und in der NS-Ideologie.

1. Führerprinzip: Bei diesem Punkt stoßen wir gleich auf die Differenz zwischen Heideggers philosophischen Optionen und seinen persönlich-politischen. Heidegger hatte mit seinem »Rektoratsprojekt« unmissverständliche Führungsansprüche erhoben. Er bewunderte Hitler uneingeschränkt und lange über sein eigenes Scheitern hinaus. Diese politische Bejahung eines »starken Mannes« lässt sich mit seiner Philosophie nicht vereinbaren. Das Dasein ist in *Sein und Zeit*, wenn es denn authentisch ist, nicht nur »Entwurf«, sondern auch »Geworfen«, also keineswegs souverän. Noch abgesehen davon, dass das »Dasein« in *Sein und Zeit* nicht als »modernes«, autonomes Individuum, sondern als das Fragen nach dem Sinn von Sein zu verstehen ist, bietet *Sein und Zeit* keine Anhaltspunkte für gesellschaftliche oder politische Analysen. Darüber können Texte über Mitsein und Sorge nicht hinwegtäuschen. Sie zeigen gerade, dass es Heidegger nicht um soziale und politische Fragestellungen, sondern um die Klärung von Transzendenz zu tun ist. Mit und nach der »Kehre« werden Sein und Nichts, Wahrheit und Unwahrheit gleichgesetzt. Alle Gegensätze schlagen permanent in einander um. Die Revolution wird auf Dauer gestellt. Es gibt weder theoretisch einen *rock bottom* noch praktisch eine oberste Instanz. Ein Führer hat da ebenso wenig etwas zu suchen wie eine Ethik, die unter dieser Prämisse erst gar nicht möglich ist.

2. Rassismus: Was Rassismus anlangt, kann man Marten (1987) folgen und feststellen, dass es keine Übereinstimmung zwischen dem biologischen Rassismus des Nationalsozialismus und Heideggers kulturellem Antisemitismus gab. Das Terrain, auf dem sich Heidegger bewegte, war das der Kultur. Es ging ihm nicht um die »Natur« oder irgendeiner Art von Materialismus, sondern um das »Wesen« des Menschen. Dieses Wesen ist als Verb zu verstehen, als ein Offenstehen für das Sein. Heidegger betont immer wieder, dass der Organismus des Tieres etwas ganz anderes sei als der Körper des Menschen. In der traditionellen Auffassung des Menschen als *animal* rationale sieht Heidegger eine fatale Herabwürdigung des Menschen. Nichts lag ihm damals und später ferner als die Reduktion des Menschen auf »Natur«. »Volk« war bei Heidegger denn auch nie biologisch gedacht, sondern kulturell. Die Deutschen (und eigentlich nur die Alemannen) sind die wahren Erben der Griechen.

Gewiss, Heidegger hegte antisemitische Einstellungen. Es ist in diesem Kontext aber anzumerken, dass Heidegger während seiner Rektorats jüdische Studenten, Kollegen und auch seinen Assistenten Werner Brock unterstützt hat – andererseits aber auch unnötigerweise Kollegen wie Baumgarten und Staudinger verunglimpft hat. Und noch (oder wieder) 1950 klagte er über die vielen jüdischen Professoren, die inzwischen wieder an den Universitäten lehrten. Es ergibt sich also ein uneinheitliches Bild, aber es gibt keine Möglichkeit, diesen kulturellen Antisemitismus in seiner Philosophie zu verankern.

3. Wissenschaft, Technik, Hochschulpolitik: Wir können festhalten, dass Heidegger in *Sein und Zeit* unter anderem den Anspruch erhob, dass die Philosophie wieder die Richtlinien in Forschung und Lehre bestimmen sollte. Diese Kompetenz habe sie verloren, weil die Wissenschaften, vor allem die technischen, immense Erfolge bei der Bewältigung praktischer Probleme hätten vorweisen können. Dadurch seien Philosophie und Kulturwissenschaften ins Hintertreffen geraten. Das führe aber letztlich dazu, dass alles den Imperativen der Anwendung, Effizienz und der Verwertung unterworfen werde. Das bedeute, dass das, was wirklich wichtig im Leben ist, das Verhältnis des Menschen zu sich selber und zum Sein, aus dem Blick verloren wird. Diese Entwicklung sei nicht jüngeren Datums. Schon Parmenides und Heraklit hätten sich von der einzig wirklich philosophischen Frage, der nach dem Sein, ablenken lassen. Auch sie hätten sich schon blenden lassen von der Möglichkeit, Erkenntnisse anzuwenden und hätten damit, ohne sich dessen bewusst zu sein, nicht nach dem Sein, sondern nach dem Seienden gefragt. Diese Verirrung hätte in verhängnisvoller Weise die weitere Geschichte des Abendlandes bestimmt.

Erkenntnisse, die angewendet werden, können, so Heidegger, nicht mehr als Wahrheit, sondern allenfalls als Richtigkeit anerkannt werden. Sie sind Mittel zum Zweck geworden. Es geht bloß noch um das Funktionieren. Die moderne Technik und Technologie bilden den bisherigen Höhepunkt dieser Entwicklung, die uns nicht nur in die Irre führen, sondern diese Irreführung auch noch verdecken. Schon in den 1930er Jahren hatte Heidegger diese doppelte Kritik an der Technik entworfen und sie bereits Anfang der 1950er Jahre hellsichtig für den Bereich der Gentechnologie ins Spiel gebracht.

Im Nationalsozialismus hat Heidegger – darauf wies schon Hannah Arendt hin – unverständlicherweise einen Kampfgefährten gegen Technik und Technologie und damit die Gegenbewegung gegen die schicksalhafte Dominanz des Nützlichkeitsdenkens gesehen.[156] Wie konnte es zu dieser fatalen Fehleinschätzung und diesem vermeintlichen Schulterschluss kommen? Die Antwort auf diese Frage bleibt, wie meistens bei der Ursachenforschung nach Projektionen, spekulativ. Nicht auszuschließen ist die Vermutung, dass Heidegger in jener Nazi-Rhetorik, mit der die Bedeutung von »germanischen« Bräuchen und volkstümlichen regionalen Traditionen gefeiert wurde, eine Bestätigung für seine eigene Überhöhung des Alemannischen gesehen hat. In seinem sogenannten *Mahnwort an das Alemannische Volk* ist die Rede vom »unverbrauchten Alemannentum«, das im Gegensatz stehe zur »überlebten Bürgerlichkeit und der harmlosen Gleichgültigkeit gegenüber dem Staat«.[157] Die Mystifikation des Alemannischen als des Ursprünglichen, Authentischen und Wahren geht einher mit einer Ablehnung des Modernen, das für Generalisierung und Universalisierung steht.

Gegen die Usurpation unserer Alltagswelt durch die Universalisierung, zu deren wichtigsten Symptom die Technik geworden ist, gilt es, das Eigene, Eigentliche zur Geltung zu bringen. Das kann nur gelingen, wenn wir die Philosophie, die selbstverständliche eine heideggersche sein muss, wieder an die Spitze der Wissenschaften bringen, denn nur diese vermag die Blendung durch die Technik und ihre Anwendung und die Verdeckung dieser Blendung zu demaskieren. Man kann Heideggers Fehleinschätzung der durchaus technikbegeisterten Nazis als tragischen Irrtum bezeichnen, aber das ändert nichts an seiner Verantwortung. Und wie uneinsichtig Heidegger auch nach 1945 in dieser Hinsicht bleibt, zeigt, jener Satz aus der *Einführung in die Metaphysik*, dem sich noch ein weiterer an die Seite stellen lässt: »Ackerbau ist jetzt motorisierte Ernährungsindustrie, im Wesen das Selbe wie die Fabrikation von Leichen in Gaskammern und Vernichtungslagern, das Selbe wie die Blockade und Aushungerung von Ländern, das Selbe wie die Fabrikation von Wasserstoffbomben.«[158]

4. Revolution: Heidegger fand in der Hochschulpolitik gewissermaßen ein offenes Tor für seine eigenen Vorstellungen von »Revolution«, denn die NSDAP hatte auf dem Gebiet der Hochschulpolitik lange keine eigene politische Strategie. Hitler stand den Universitäten, wie Intellektuellen überhaupt, äußerst skeptisch gegenüber. Seinen Dissens mit Hitler in diesem Punkt unterdrückte Heidegger. Er wollte die Universitäten behalten, aber revolutionieren. Die Wissenschaften sollten unter die Leitung der (heideggerschen) Philosophie gebracht werden. Es sollte auch die überkommene Hierarchie, also die Ordinarienuniversität abgeschafft werden. Es war Heideggers erklärte Absicht, den Dozenten und Studenten Mitspracherechte in der Selbstverwaltung einzuräumen. Eine Revolution, gegen die sich die Professoren entschieden zur Wehr setzten. Gleichwohl gelang es Heidegger mit der Unterstützung des nationalsozialistischen Studentenbundes und des Unterrichtsministeriums, das Hochschulrecht in seinem Sinne zu ändern. Gleichzeitig griff Heidegger nach der Macht in der Hochschulpolitik des Reiches – ein Vorhaben, das am Widerstand von Krieck, Bäumler und Rosenberg kläglich scheiterte. Diese Niederlage hat Heidegger wohl nie ganz verschmerzt. Mit weiterem Ungeschick verprellte Heidegger schließlich so viele Kollegen, dass er im Februar 1934 die Konsequenzen zog und sich zum Rücktritt entschloss. Damit änderte sich am Verhältnis seiner Philosophie zur nationalsozialistischen Bewegung nichts. Er sah nach wie vor eine entscheidende Parallele zwischen seiner philosophischen und der politischen Revolution, die er im Moment der Bewegung zu erkennen glaubte. So erklärte er am 3. November 1933: »Die Nationalsozialistische Revolution bringt die völlige Umwälzung unseres deutschen Daseins.«[159]

Heidegger hat schon gleich nach dem Scheitern des Rektorats die geplante Vorlesung über den Staat abgesetzt und statt dessen über Logik gelesen. Es ging dabei allerdings weniger oder auch gar nicht um das, was wir uns heute unter Logik vorstellen, sondern um eine bestimmte Interpretation des griechischen Logos. Was sich hier abzeichnet, ist die Abkehr von der zweiwertigen Logik, die sich darin zeigt, dass Heidegger das Verbot der zirkulären Begründung verspottet und behauptet, dass es gerade darauf ankäme, in den Zirkel hineinzukommen. Das führt, wie wir schon gesehen haben, dazu, dass Heidegger behauptet, dass das Sein das Nichts und die Wahrheit die Unwahrheit sei. Das heißt, dass auf der diskursiven Ebene allenfalls Richtigkeit, aber nie Wahrheit zu finden sei. Wahrheit ist nie etwas Feststehendes, Definierbares, Abgeschlossenes, sondern das »zu Denkende«.[160] Die »tiefergelegte« oder auch transzendente Identität der polaren Gegensätze (Sein/Nichts, Wahrheit/Un-wahrheit) bezeichnet eine dynamische Einheit der Gegensätze, von der die logischen und alltäglichen Phänomene nur als abgeleitete Reduktionen erscheinen können. Was immer man auf dieser Ebene entscheidet, ist bloß richtig, aber nie wahr. Es mag funktionieren – geht aber am Wesentlichen vorbei. Geht es dagegen um das Sein/Nichts kommt es nicht darauf an, ob man »richtig« entscheidet oder nicht, sondern nur darauf, *dass* man sich entscheidet.

Auf der Ebene des *dass* geht es auch nicht um ein Handeln im üblichen Sinn, von dem man sagen kann, dass es eine Wahl zwischen Alternativen oder das Schaffen von Handlungsmöglichkeiten wäre. Das Handeln ist ein Denken und das Denken ist ein Handeln, wobei erst im nachhinein deutlich wird, ob es sich in der Wahrheit oder Un-wahrheit befand, das heißt, ob sich das Sein uns offenbarte oder entzog. »Wer groß denkt«, meinte Heidegger, »muß groß irren«.

»Entscheidung« und »Handeln« sind eine Art des »Vollzugs«, bei dem die Offenheit für die Einsicht gewahrt bleibt, dass das Sich-entbergen der Wahrheit sich verbirgt und dass das Sich-verbergen der Wahrheit sich als solches zeigt, gewahrt bleibt. Mit der Politik und Politikauffassung des Nationalsozialismus hatte Heidegger systematisch gesehen nichts zu tun. Der NS-Staat handelte programmatisch, setzte Ziele und organisierte die Logistik. Heidegger suchte auf transzendenter Ebene eine Annäherung und Erkennung, die da nicht zu haben war. Heidegger projizierte auf die NS-Politik eine Übereinstimmung, die keine Anhaltspunkte hatte. Die Nationalsozialisten konnten mit Heideggers Denken gar nichts anfangen. Sie glaubten vorübergehend, dass sein Ruf ihnen nützen könnte; inhaltlich war der Dissens unüberbrückbar. Das Verharren auf einer selbstreflexiven Ebene der Ambiguitäten, in einer Aufmerksamkeit für sich gegenseitig konstituierende Pole, die in einem ständigen Wechselspiel ineinander umschlagen, war zu subtil für die Machthaber und im übrigen für sie weder theoretisch noch praktisch anwendbar. Wenn es denn hätte funktionalisiert werden können, hätte es sich selbst widerlegt und außer Kraft gesetzt.

Aus Heideggers Perspektive sah das anders aus. Zumindest bis 1936 hat Heidegger selber immer wieder einen inneren Zusammenhang zwischen seiner Philosophie und dem Nationalsozialismus (später zwischen der »Bewegung«) behauptet. So in dem Gespräch, das er 1936 mit Karl Löwith in Rom führte, in dem Heidegger bestätigte, dass seine Parteinahme für den Nationalsozialismus im Wesen seiner Philosophie läge.[161] Das war, wie man zeigen kann, ein Selbstmissverständnis, das größer nicht hätte sein können.

Heidegger wollte die revolutionären Ansprüche der Partei mit seinen philosophischen vereinbaren. Im *Bekenntnis zu Adolf Hitler und dem nationalsozialistischen Staat* heißt es: »Die nationalsozialistische Revolution ist nicht bloß die Übernahme einer vorhandenen Macht im Staat durch eine andere dazu hinreichend angewachsene Partei, sondern diese Revolution bringt die *völlige Umwälzung unseres deutschen Daseins.*«[162] Die Verknüpfung von Revolution, Geschichte und Volk artikuliert Heidegger am 15./16. August 1934 in *Die deutsche Universität*: »Unsere deutsche Gegenwart aber ist erfüllt von einer großen Umwälzung, die durch das ganze geschichtliche Dasein unseres Volkes hindurchgreift. Den Beginn dieser Umwälzung sehen wir in der nationalsozialistischen Revolution.«[163]

Wie hätte Heideggers Revolution ausgesehen?

Wenn wir uns vergegenwärtigen, gegen was sie sich absetzt, dann können wir zusammenfassend sagen, dass Heideggers Revolution antiuniversalistisch ist. Im Einzelnen ist sie negativ bestimmt, antiparlamentarisch, d.h. gegen den (idealiter) argumentativ gebildeten Konsens (oder zumindest gegen die Mehrheitsentscheidung), gegen Institutionen also, die verfahrensmäßig zustande gekommene Entscheidungen legitimieren. Sie ist antimodern, d.h. gegen das autonom konzipierte Individuum und gegen eine ausdifferenzierte Gesellschaft. Sie ist vor allem antitechnisch, weil Heidegger in der Technik eine Selbstermächtigung des Menschen, d.h. ein Streben nach der Herrschaft des Menschen über die Natur und damit eine Selbsterhöhung des Subjekts, als »Krone der Schöpfung«, sieht. Das hört sich dann so an: Der Mensch ist nicht der Herr des Seienden, sondern »der Hirte des Seins.«[164] Wenn sich der Mensch aber zum Herren über das Seiende – und erst gar über das Sein – aufwirft, dann verfestigt er den Unterschied von Subjekt und Objekt und verstellt sich damit die Frage nach dem Sein vom Sein her.

Wenn wir versuchen, Heideggers Revolution nicht nur dadurch zu bestimmen, was sie nicht will, sondern durch das, was sie wohl will, dann stellen wir fest, dass sie partikularistische Perspektiven vertritt. Am auffälligsten ist dabei die Heroisierung des deutschen Volkes, als das einzige Volk, das auf der Welt diesen Namen verdiene – allein nur deswegen, weil das deutsche Volk der wahre Erbe der griechischen Kultur sei. Das ist für Heidegger philosophisch begründet. Die Griechen und namentlich die Vorsokratiker haben die europäische Kultur begründet – und nur die Deutschen haben Kultur; die Franzosen bekanntlich nur eine dekadente Zivilisation. Am liebsten wäre es Heidegger wohl gewesen, wenn er den Ehrentitel »Volk« für die Alemannen hätte reservieren können, aber das wäre dann vielleicht doch nicht auf große Begeisterung im restlichen Reich gestoßen. Positiv konnotiert ist für Heidegger bekanntlich auch das »Land« im Gegensatz zur modernen Stadt.[165]

An seinen revolutionären Intentionen, dem »geistigen Auftrag« und der »geistigen Führung«, die Heidegger in seiner Rektoratsrede beschworen hat, wird er zeitlebens festhalten. Diese Absicht bekundete er sogar kritisch gegen Hitler am 30. November 1933. In seinem Tübinger Vortrag vom 30. November, *Die Universität im nationalsozialistischen Staat*, zitiert er Hitler, der gesagt habe, dass die Revolution zu Ende sei und von einer Evolution abgelöst werden sollte. Heidegger setzt dagegen, dass die

Revolution an der deutschen Hochschule keineswegs zu Ende sei – sie habe noch gar nicht begonnen.[166]

4

Ethik

»Bald nachdem *Sein und Zeit* erschienen war, frug mich ein junger Freund: ›Wann schreiben Sie eine Ethik?‹«.[167] So berichtet Heidegger 1947 in *Über den Humanismus.* Ort und Zeit der Erörterung dieser Frage waren mit Bedacht gewählt. Kurz nach Kriegsende, in erheblicher Beweisnot wegen seiner Nazivergangenheit und in einem Konkurrenzverhältnis zur französischen Existenzphilosophie stehend, nutzte Heidegger die Chance eines offenen Briefes an seinen Bewunderer Jean Beaufret, einen in Baden stationierten Offizier der französischen Armee. Beaufret war daran gelegen, Heideggers Philosophie in Frankreich zu fördern. Heidegger nutzte die Gelegenheit, die Legitimation der Leerstelle der Ethik in seinem Werk mit einer Generalabrechnung mit der traditionellen Wahrheitstheorie, wie sie in Gestalt der klassischen Ontologie vorlag, zu verknüpfen. In dieser Hinsicht konnte er auf frühere Arbeiten und Vorlesungen zur Metaphysik (*Was ist Metaphysik?* von 1929 und die *Einführung in die Metaphysik* von 1935) zurückgreifen.

Mit der Kritik an der überkommenen Ontologie, die immer noch versucht, vom Seienden her das Sein zu denken und damit notwendigerweise fehlschlagen muss, verknüpft Heidegger auch seine Kritik an der Ethik, die er meint einbeziehen zu können, weil sie bei den Griechen ursprünglich eine Einheit mit der Ontologie bildete, bevor beide sich als Einzeldisziplinen ausdifferenzierten. Diese Kritik zielt nicht auf eine Neubestimmung der Ethik als handlungsleitendes Denken. Das kann schon deswegen nicht sein, weil Heideggers Denken jenseits der Trennung von Theorie und Praxis angesiedelt ist: »Dieses Denken ist, sofern es ist, das Andenken an das Sein und nichts außerdem.« Dieses Denken hat nach Heidegger kein Ergebnis und keine Wirkung – es »lässt das Sein sein«. Es wäre nun ein Missverständnis, dieses »Sein-lassen« als etwas bloß Passives zu verstehen. Mit ihm ist zwar auch eine geistige, distanzierte Haltung zur Welt des Bewirkens und der Effizienz gemeint, aber auch eine Form höchster Konzentration und Anstrengung. Das kommt zum Ausdruck in Heideggers Charakterisierung dieser Haltung, die er als eine beschwört, die der höchsten Gefahr ausgesetzt und ein Wagnis sei. »Sein-lassen« ist also nichts Beruhigendes. Es führt als das wahre

Denken den Menschen nicht nur in den Bereich des »Aufgangs des Heilen«, denn in der Lichtung des Seins erscheint gleichzeitig das Böse oder der Grimm. Wir begegnen also auch hier jener Polarität, die für Heideggers Denken konstitutiv ist. Die extremen Gegensätze sind aber nicht getrennt, sie bilden eine Einheit. Das Heile und das Grimmige »wesen« gleichzeitig im Sein. Das kann nur der Fall sein, weil »das Sein selber das Strittige ist«. Das Strittige ist das Zugleich von Sein und Nichts. »Darum, weil es das Sein denkt, denkt das Denken das Nichts.«[168]

Ein Denken aber, dass sich, so müssen wir feststellen, jenseits der Scheidung von Theorie und Praxis *vollzieht*, wie Heidegger das nennt, ist ungeeignet, Handeln zu legitimieren oder als illegitim zu qualifizieren. Es ist nicht als praxisrelevante Ethik zu fassen. Könnte man es noch als Ethik im klassischen Sinn auffassen, dann wäre damit für Heidegger nur klar, dass es sich noch nicht von der alten Ontologie, von dem Denken vom Seienden her, emanzipiert habe. Heidegger sieht die Verabschiedung der Ontologie als eine revolutionäre Neuerung. Handeln ist nun nicht mehr etwas, das als Bewirken verstanden werden kann. Es hat mit Kausalität, Effizienz und Legitimation nichts zu tun. Es ist vielmehr ein Vollbringen, d.h. etwas in die Fülle seines Wesens zu entfalten. »Das Denken vollbringt den Bezug des Seins zum Wesen des Menschen. Es macht und bewirkt diesen Bezug nicht.«[169]

Diese Sätze am Anfang von *Über den Humanismus* sind programmatisch. Denken, das im Heideggerschen Sinn die Philosophie abgelöst hat, denkt (etwas anderes kann es nicht) unseren Bezug zum Sein. Dieser Bezug ist zweifach:

1. Er ist selbstbezüglich; es geht um unser Sein. Unser Dasein ist ein »ek-statisches Innestehen in der Wahrheit des Seins«. Das heißt, dass der Mensch nicht zuerst weltlich und dann transzendent ist. Um weltlich sein zu können, muss das Dasein zuerst transzendent, ek-statisch, offen für das Sein sein. Der Gegensatz von »ek-statisch«, ein »Außerhalb-seines-Selbst-Stehen«, und »Inne-stehen« bezeichnet nicht nur einen logischen Widerspruch, sondern auch einen dynamischen Antagonismus. Das Dasein ist in einer ständigen Revolution begriffen, in einem Umschlag von »Außen« und »Innen«, wobei die räumlichen Begriffe und unser Denken (Handeln) sich verzeitlichen. Deswegen können wir jetzt sehen, dass der wahre Anfang nicht hinter uns, sondern vor uns liegt.
2. Andererseits stellt sich dieser Bezug dar als ein Denken eines Seins, das sich uns erschließen, aber auch verschließen kann, und dieses Ver- und Erschließen Verhüllen oder Enthüllen kann, ohne dass wir

die Sicherheit haben können, ob das eine oder das andere der Fall wäre. Wenn wir Denken als dieses Vollbringen bezeichnen, dann kann man auch wie Heidegger sagen, dass »das Denken handelt, indem es denkt«. Nur ist dieser Handlungsbegriff entweder ein metaphorischer oder ein transzendenter Begriff. Als Kriterium für die Beurteilung, ob eine Handlung in Übereinstimmung mit einem Satz von Regeln steht, die der Verantwortung von Handlungen dienen können, taugt er nicht.

Gegen Versuche, solches Denken als inhuman und unlogisch zu diskreditieren insistiert Heidegger auf den radikalen Wandel, den es fordert. Wenn die Tradition Wahrheit grundsätzlich als Richtigkeit (miss-)versteht, dann muss die Philosophie, die diese Tradition fortsetzt, auch Heideggers revolutionären Anspruch verkennen. Sie denkt in binären Gegensätzen und beraubt sich der Möglichkeit, zu sehen, dass ein Wechsel der Ebene vonnöten ist. Deswegen hält sie jede Rede gegen den Humanismus für die Verteidigung des Unmenschlichen, jeden Angriff auf die Logik für die Befürwortung des Irrationalen (während es doch gerade nach Heidegger irrational ist, die Herrschaft der Logik unbefragt hinzunehmen), jeden Zweifel an den überkommenen Werten für die Verneinung von Werten überhaupt, jede Behauptung der Weltlichkeit des Menschseins für eine Absage an die Transzendenz, jede Rede, dass Gott tot sei für eine Gottlosigkeit. Alles zusammen genommen heißt das nichts weniger als die Behauptung eines totalen Nihilismus.[170]

Heidegger versucht zu zeigen, dass auf der philosophischen Tradition fußende Einwände gegen sein Denken verkennen, dass es eine selbstreflexive Transzendenz ins Spiel bringt, die empirische und diskursive Widersprüche übersteigt. Das wird noch unterstrichen durch Heideggers Absicht, die traditionelle Überhöhung oder Zentrierung des Subjekts zu zerstören. Es ist nun nicht mehr so, dass das Dasein, wie in *Sein und Zeit* nur »geworfen« ist, es ist auch »Entwurf« und zwar nicht des Daseins, sondern des Seins. Heidegger radikalisiert seine Position: »Das Werfende im Entwerfen ist nicht der Mensch, sondern das Sein selbst.«

Wenn Heidegger also auf die Frage Beaufrets eingeht, wie man dem Wort »Humanismus« wieder einen Sinn geben könne, dann macht er klar, dass »Humanismus« noch ein Begriff der überkommenen Ontologie sei – einer Philosophie also, die noch mit der Unterscheidung von Subjekt und Objekt und der Überhöhung des Subjekts zu tun hat. Das neue Denken hat dies überwunden; es ist ein Denken *des* Seins – genitivus objectivus/genitivus subjectivus: Das Sein denkt und es denkt das

Sein. Dieses Denken bewegt sich also jenseits der Einheit von Ontologie und Ethik und der damit verknüpften Wahrheitskonzeption als Übereinstimmung von Urteil und Sache. Das heißt, dass es gar keinen Bezug zur Praxis und zum historischen Humanismus hat, die immer ontologisch gedacht wurden. Wir müssen die Ontologie und den Humanismus de(kon-)struieren.

Ästhetik und Politik

Heideggers Philosophie der Ästhetik beschränkt sich nicht auf *Der Ursprungs des Kunstwerkes* (1950/1957c), sondern umfasst auch seine Vorlesungen und Texte über Hölderlin, seine Überlegungen zu van Gogh, Paul Klee und Cézanne, zu Rilke, Trakl und Celan. Die Vorlesungen über Nietzsche, deren erster Band den Titel *Der Wille zur Macht als Kunst* trägt, thematisieren fast ausschließlich die Metaphysik und ihre Geschichte. In der Dichtung und der Malerei findet Heidegger Anregung und Bestätigung für seine philosophischen Optionen. Musik ist die große Abwesende in seiner Ästhetik. Von Architektur als Kunstform ist wenig die Rede. Einzige Ausnahme: Überlegungen zum griechischen Tempel, die in *Der Ursprung des Kunstwerks* zu finden sind und auf die wir ausführlicher zurückkommen. *Der Ursprungs des Kunstwerks* ist jener Text Heideggers, der explizit und am deutlichsten seine systematischen Gedanken zum Thema offenlegt. Wir werden uns in erster Linie diesem Text zuwenden und dann sehen, welche Bedeutung die Auseinandersetzung mit Hölderlin auch vor dem Hintergrund der »Kehre« und dem Scheitern als Rektor für sein Werk hatte.

Der Ursprung des Kunstwerkes

Die Veröffentlichung von »*Der Ursprungs des Kunstwerkes*« hat eine Vorgeschichte. Eine »Erste Ausarbeitung« (unter dem Titel »Vom Ursprung des Kunstwerks«) erfolgte in den Jahren 1931/32. Heidegger hielt einen ersten Vortrag dazu im November 1935 in Freiburg und wiederholte ihn im Januar 1936 in Zürich. Dann folgten drei Vorträge in Frankfurt/M. im November und Dezember 1936. Das Manuskript dieser drei Vorträge wurde 1950 in *Holzwege* veröffentlicht, dann 1960 in einer durchgesehenen Fassung und mit einem »Zusatz« bei Reclam und schließlich leicht überarbeitet 1989 in Band 5 der Gesamtausgabe.[171] Bei der Interpretation macht sich das Fehlen einer kritischen Ausgabe besonders schmerzlich bemerkbar. Der Abgleich der verschiedenen Fassungen kann dem nur eingeschränkt abhelfen. Die Zuverlässigkeit der Edition ist besonders im Fall der Hölderlin- und Nietzschetexte fraglich.

Bei der Frage nach dem Ursprung des Kunstwerkes geht es nach Heidegger – und das kann uns nicht überraschen – um die Frage nach der Wesensherkunft. Nach jenem Wesen also, das bei ihm immer als Verb, also dynamisch, zu verstehen ist. Künstler und Werk, so Heidegger, bedingen sich ursprungsmäßig gegenseitig, aber dieser Wechselbezug verdankt sich einem Dritten – der Kunst, oder besser: dem Wesen der Kunst. Die Bestimmungen, was ein Kunstwerk, was ein Künstler und was die Kunst sei lassen sich indessen weder durch das Auflisten von Merkmalen (die man dann erst mal haben müsste) noch durch abstrakte Definitionen von oben herab gewinnen.

Die Bestimmung von Kunst, Künstler und Kunstwerk ist nur durch gegenseitige Erhellung, das heißt zirkulär möglich. Zirkulär zu verfahren ist für Heidegger nicht nur kein Problem, im Gegenteil. Es heißt, dass das Denken dann ganz bei sich ist. Und diese Einsicht bietet Heidegger die Chance zu einer fröhlichen, schlagkräftigen Provokation:

> »Diesen Weg [des Kreisgangs] zu betreten, ist die Stärke, und auf diesem Weg zu bleiben, ist das Fest des Denkens.«[172]

Wir stoßen hier zum ersten Mal auf den Kreisgang als Metapher für den Weg des Denkens – für das Unterwegs zur Wahrheit. Heidegger gestaltet konsequenterweise auch diesen Aufsatz, in dem es gleichermaßen um Wahrheit und Kunst geht, als Kreis. Über zwei Zwischenstationen, die Erörterung des Dings und des Zeugs, nähert Heidegger sich der Frage nach der Kunst.

Fragen nach dem Ding heißt nichts anderes als Fragen nach der Wahrheit unserer Urteile über das Ding. Wie kann es eine Übereinstimmung geben zwischen unseren Aussagesätzen und dem materiellen Ding? Ist der Bau unseres Urteiles, der Verknüpfung von Subjekt und Prädikat, so fragt Heidegger, der Einheit von Eigenschaften und Substanz nachgebildet? Oder ist es gar umgekehrt? Auch hier bezieht sich Heidegger wieder auf ein »Drittes«, das der Ursprung ihrer Beziehung sei, die Einheit von Stoff und Form.[173]Diese Bestimmung führt Heidegger zur zweiten Zwischenstation, dem Zeug. Das Zeug ist mehr als ein bloßes Ding wie etwa ein Stein; es ist »dienlich«. Es kann sich dabei um Werkzeuge im engeren Sinne handeln wie um alle benutzbaren Gegenstände. Heidegger wählt das inzwischen berühmte Beispiel von Schuhen auf einem Gemälde von Vincent van Gogh. Er liest an diesen Schuhen, die er fälschlicherweise für Arbeitsschuhe einer Bäuerin hält (es sind tatsächlich van Goghs eigene), die ganze Arbeitswelt der Bäuerin, den Wechsel der Jahreszeiten, die Erfahrung von Geburt und Tod, das Gelingen und Misslingen der

Ernte, ab. Aber bei diesen Erfahrungen hat es nicht sein Bewenden. Wie stets versucht Heidegger, durch diese Phänomene und Bedeutungsebenen (Dienlichkeit) hindurch auf das Wesen des Zeugs abzuheben. Das Wesen des Zeugs ist die Verlässlichkeit. Diese hält »alle Dinge je nach ihrer Weise und Weite in sich gesammelt«.[174] Damit stellt Heidegger den Bezug von Ding/Urteil zum Zeug im Rahmen der Wahrheitsfrage her. Das Zeug ist deutlich mehr als das Ding, aber auch weniger als ein Kunstwerk, weil es seine Bedeutung nicht in Bezug auf sich selbst, sondern auf einen externen Zweck hat. Aber das Wesen des Zeugs zeigt auch dessen Bezug zur Wahrheit. Um sich zeigen zu können, bedarf es allerdings eines Kunstwerks. Van Goghs Gemälde ist nach Heidegger »die Eröffnung dessen, was das Zeug, das Paar Bauernschuhe, in Wahrheit *ist*«. Durch das Gemälde (das Werk) »tritt dieses Seiende in die Unverborgenheit seines Seins heraus.«

»So wäre denn«, sagt Heidegger, »das Wesen der Kunst dieses: das Sich-ins-Werk-Setzen der Wahrheit des Seienden.« Im Kunstwerk geschieht also das, was Heidegger auch das Entbergen, die *aletheia*, nennt. Es stellt sich die Frage, wie und warum die Wahrheit, die wir für gewöhnlich doch für etwas anderes als das Schöne halten, »sich als Kunst ereignet«.[175] Darüber gleich mehr. Ich möchte aber schon jetzt auf einen Perspektivwechsel in der Betrachtung Heideggers aufmerksam machen. Bisher ist die Wahrheit in einem gewaltfreien Raum angesiedelt. Es heißt, dass sie sich ereignet oder geschieht. Einen ersten Hinweis darauf, dass sich das ändert, finden wir in Heideggers Bemerkung, in der »großen Kunst«, von der die Rede sein solle, sei »der Künstler gegenüber dem Werk etwas Gleichgültiges, fast wie ein im Schaffen sich selbst vernichtender Durchgang für den Hervorgang des Werkes«.

Gefährdung und Zerstörung sind in der Ästhetik geläufige Themen. Bei den Theoretikern des Erhabenen von Longinus bis Kant spielt die Empfindung der drohenden Zerstörung eine bedeutende Rolle. Und auch Wagner und Nietzsche hielten sie für ein entscheidendes ästhetisches Moment. Dass Heidegger den Künstler als jemanden sieht, der sich im Schaffen selber vernichtet, kann vor der Folie der Selbstreflexivität und des Kreisgangs nicht überraschen. Der Kreisgang, die Revolution, zerstört und schafft dadurch Neues. Mag der Künstler verschwinden – das Kunstwerk bleibt und damit die Kunst und die Wahrheit.

Heidegger zeigt den Kampf gegensätzlicher Kräfte in seiner Betrachtung des griechischen Tempels, die er anlässlich einer Griechenlandreise anstellte. Wenn wir Heideggers Verständnis der Tempel weiter in Beziehung setzen zu seinen Überlegungen in den *Beiträgen zur Philosophie* und *Besinnung* zeigt sich, dass die Grundfragen seines Denkens, namentlich wenn es um Gründung/Abgrund, Wahrheit/Un-wahrheit, Verbergen/Entbergen, Seyn/Nichts geht, für sein Verständnis des griechischen Tempels bestimmend gewesen sind.[176]

Gelten die angeführten antagonistischen Bestimmungen der Frage nach der Wahrheit auch hier? Ein solches Bauwerk, sagt Heidegger, umschließt die Gestalt des Gottes und läßt sie in dieser Verbergung durch die offene Säulenhalle hinausstehen in den heiligen Bezirk«.[177] 1962 griff Heidegger anlässlich einer Griechenlandreise das Thema des Tempels in *Aufenthalte* erneut auf. Über den Tempel der Athene auf der Athener Akropolis heißt es:

> »Ein unfaßliches Glänzen brachte das ganze Bauwerk in ein Schweben und hob es zugleich in eine festdurchgrenzte, dem tragenden Fels verschwisterte Gegenwart. Sie war erfüllt von der Verlassenheit des Heiligtums. In ihr näherte sich unsichtbar die Abwesenheit der entflohenen Göttin.« [178]

Der Tempel ist der Ort des Umschlags antagonistischer Optionen, eine Schwelle. Das unfasslich Glänzende bringt das Bauwerk ins Schweben und ins Festdurchgrenzte. Die Gegenwart, die gemeinhin als das Flüchtigste gilt, ist dem Dauerhaftesten, dem Fels, verschwistert. Aber auch dieses Verhältnis enthält einen Hinweis auf Gewalt. »Dastehend ruht das Bauwerk auf dem Felsengrund. Dieses Aufruhen des Werkes holt aus dem Fels das Dunkle seines ungefügen und doch zu nichts gedrängten Tragens heraus. Dastehend hält das Bauwerk dem über es wegrasenden Sturms stand und zeigt so erst den Sturm selbst in seiner Gewalt.« Über Delphi und den dortigen Tempel heißt es: »Die Gegend selbst erschloß sich unter dem hohen Himmel, dessen klare Lüfte der Adler, der Vogel des Zeus, durchkreiste als der Tempel dieser Ortschaft. Sie entbarg, Geheimnis bergend, den Sterblichen erst den Raum, in dem sie ihre Weihewerke zu errichten vermochten – allem nach Rang und Gebühr zuvor: den dorischen Tempel Apollons.«[179] Kunstwerke sind für Heidegger wichtig, weil er in ihnen eine Gestalt der »Aletheia«, der »Un-verborgenheit« (»Lichtung«) erblickt. Es heißt: »Das Werksein des Werkes ist eine der Weisen, wie Wahrheit geschieht.«[180]

Für Heidegger spielt weniger die Frage nach dem Schein des Schönen eine Rolle als vielmehr das Verhältnis von Entbergen und Verbergen, genauer: das Verhältnis von Entbergen, das sich als Entbergen verbirgt, mit dem Verbergen, das sich als Verbergen entbirgt. Das zweite für Heidegger Bedeutsame am Kunstwerk ist damit schon angesprochen; das Kunstwerk kann nie als fertiges, abgeschlossenes betrachtet werden, sondern muss in Hinblick auf sein »Werk-Sein«, oder genauer: auf sein »am Werke sein« gesehen werden. Dieses »am Werke sein« präzisiert Heidegger, indem er es als Ins-Werk-Setzen einer Differenz auffasst. Es geht um die Differenz von Welt und Erde. »Welt« bezeichnet für Heidegger die Dimension des Sich-Öffnens, »Erde« die des Sich-Verschliessens. Der Welt als dem »Sich öffnenden Offenen« steht die Erde als das »ständig Sich-verschließende und dergestalt Bergende« gegenüber.

Das Entscheidende an diesem Gedanken ist, dass wir das Verhältnis von Welt und Erde nicht als abstrakte und erstarrte Konfrontation von Gegensätzen sehen. Welt und Erde werden von Heidegger als tätige, aufeinander bezogene Kräfte vorgestellt. »Die Erde ist das wesenhaft sich Verschließende. Die Erde her-stellen heißt: sie ins Offene bringen als das Sichverschließende.« Dieses Miteinander, das zugleich ein Gegeneinander ist, könnte man nun als eine ontische Begebenheit betrachten, bei der es sein Bewenden hat. Aber Heidegger möchte weiter zeigen, welche Bedeutung das Kunstwerk für dieses Verhältnis und dessen Verständnis hat. Heidegger denkt Welt als dasjenige, was nur in Gestalt einer Wendung der Erde gegen sich selber gedacht werden kann. Für die Erde gilt entsprechend dasselbe. Sie kann nur als Wendung der Welt gegen sich selber gedacht werden. Es ist also die Selbstbezüglichkeit, die zum einen die jeweilige Unabhängigkeit von Welt und Erde gewährt und die zum anderen die Welt als das das Andere der Erde und Erde als das Andere zur Welt ausmacht. Das eine findet den Grund seines Seins nur in sich selber, sofern es ihn im polar Entgegengesetzten findet. Selbstverhältnis und Fremdverhältnis sind zusammengeschlossen und getrennt durch die Figur einer Selbstbezüglichkeit die zugleich Identität und Differenz bezeichnet.

Das Kunstwerk wird von Heidegger nun als jener Ort bezeichnet, an dem die jeweilige Identität und Differenz von Welt und Erde jeweils für sich und mit bzw. gegeneinander nicht nur ausgetragen, sondern ins Werk gesetzt wird. Das Kunstwerk wird seinerseits gedacht als ein Werk, das nicht anders gedacht werden kann denn als Welt und Erde. Das Kunstwerk ist jenes Dritte im Bunde, dessen Welt und Erde bedürfen, um ihre Wahrheit, als Wesen, zu zeigen. Gleichzeitig wäre das Kunstwerk unmöglich ohne das doppelte Spiel von Identität und Differenz von Welt und Erde.

Das Kunstwerk stellt für Heidegger eine Welt auf und Erde her. Dieses »Aufstellen« und »Herstellen« sind »zwei Wesenszüge im Werksein des Werkes«.[181] Die Erde »her-stellen« heißt bei ihm: »Sie ins Offene bringen als das Sichverschließende.« »Welt aufstellen« heißt: »das Offene der

Welt offenhalten«. Das Werk kann nun nie einseitig sich entweder auf Welt oder auf Erde richten. Es heißt: »Indem das Werk eine Welt aufstellt, stellt es die Erde her.«[182] Und umgekehrt ist es so, dass das Werk, das die Erde herstellt, auch das Offene der Welt aufstellt. Das Werk kann also die Welt nur Welt sein lassen, indem es die Erde herstellt, und es kann die Erde nur Erde sein lassen, indem es die Welt aufstellt. Dabei schafft das Werk also gleichermaßen Identität und Differenz von Welt, Erde und eigenem Sein. Diese Wechselbeziehung kann angemessen nur als Streit verstanden werden.[183] Es wäre aber falsch, solchen Streit nur im Sinne von Aggression zu verstehen. Der Begriff beinhaltet zwar ein Moment des Gewalttätigen, aber es geht um die Wahrheit, die das Zugleich von Entbergen (Lichtung) und Verbergen in der doppelten Gegenwendung von Welt und Erde ist. Diese fasst Heidegger als das Wesen der Kunst. Das Wesen der Kunst stiftet diesen Streit oder ist, wie Heidegger sagt, der Ursprung des Streits. Damit wird zu verstehen gegeben, dass Welt und Erde »ursprünglich« eins sind – und gegensätzlich. Der Streit ist die »Innigkeit des Sichzugehörens der Streitenden«. Diesen Antagonismus nennt Heidegger auch »Riss«, »Grundriss« und »Auf-riss«.[184] Nicht nur politische Rhetorik, sondern auch innovative, philosophische Überlegungen zeichnen sich dadurch aus, dass sie geläufigen Ausdrücken neue Bedeutungen zumessen. Das Bemerkenswerte in diesem Fall ist, dass Heidegger »Wahrheit«, die wir uns nur im gewaltfreien Raum vorstellen können, als »Streit« und »Riss« denkt. Aber diese Worte werden von Heidegger in einer eigentümlichen Ambivalenz nicht nur mit Kampf und Zerstörung, sondern auch mit dem Schöpferischen und »Wahrheit« verknüpft.

Das Wesen der Kunst kann nun die Wahrheit auf vielfache Art und Weise ins Werk setzen. Das kann sich als »Fragen des Denkens« vollziehen, aber auch als Staatsgründung, als »wesentliches Opfer« – nicht aber als Wissenschaft, weil die sich, wie wir schon wissen, nur mit der Richtigkeit von Urteilen beschäftigt. Unter allen Künsten allerdings, daran lässt Heidegger keinen Zweifel, ist es die Dichtung, die eine privilegierte Position hat, denn sie »bringt das Seiende als ein Seiendes allererst ins Offene«.[185]

Heidegger schließt nun den Kreisgang, indem er ausführt, dass das Stiften des Streits als Schenken, Gründen und Anfangen zu verstehen ist. Auch an anderen Stellen hat Heidegger davon gesprochen, dass Denken »anfänglich« ist und bleiben muss. Die wahren Denker verstehen sich darauf, »Anfänger« zu bleiben. Sie bleiben beim Anfang – nicht bei dem verfehlten der Vorsokratiker, sondern beim »anderen Anfang« (dem, den

Heidegger denkt). Auf diesen stoßen wir, wenn wir den Kreisgang vollzogen haben. Dieser Anfang ist ein Sprung – ein Sprung aus jener Geschichte der Philosophie, die die Wahrheit verfehlt hat, ein Ursprung. Anfang und Ursprung liegen nach Heidegger nicht hinter uns, sondern vor uns. Mit dem Ursprung kehren wir zurück an jenen Anfang, der »das Ende schon verborgen in sich enthält«.[186]

Ein kurzer Blick auf die »Erste Ausarbeitung« aus den Jahren 1931/32 zeigt, dass es eine bemerkenswerte Verschiebung im Sprachgebrauch in der späteren Fassung aus den Jahren 1935/36 gibt. Hier wird, wie in der Rektoratsrede, der Sturm beschworen, und die Beziehung von Welt und Erde wird zwar nicht nur, aber doch mit Nachdruck als Gewaltverhältnis gefasst: »Dastehend hält das Bauwerk dem über es wegrasenden Sturm stand und zeigt so erst den Sturm selbst in seiner Gewalt.«

Der Streit als Gegeneinander von Welt und Erde, der Lichtung und der Verbergung ist auch ein Gewaltverhältnis, ein Kampf. Das Werk stiftet diesen Streit. Es wird im »Sprachwerk« denn auch nicht über den Kampf geredet, es führt diesen Kampf.[187] Nur im Streit entfalten sich die gegensätzlichen Kräfte des Verbergens und Entbergens. Die eine »duldet« nicht, dass sich die andere widerstandslos auswirkt und umgekehrt.[188] Heideggers Erläuterung, dass es hier nicht um einen banalen Streit geht, sondern um einen »edlen«, in dem »Jedes das Andere über sich hinausträgt«, ändert nichts an dem Gewaltverhältnis, bewertet es nur positiv. Wir erinnern uns, dass Heidegger den Künstler »dem Werk gegenüber als etwas Gleichgültiges, fast wie ein im Schaffen sich selbst vernichtender Durchgang für den Hervorgang des Werkes« betrachtet.[189] Gewalt und Destruktion spielen 1935/36 also eine wesentliche Rolle und zwar deutlicher erkennbar als in der »Ersten Ausarbeitung«, wo zwar auch die Rede vom Streit ist, dieser aber mit »Geleit« und »Zuspiel« verknüpft wird.[190]

Hölderlin: *Germanien* und *Der Rhein*

Germania, wo du Priesterin bist
Und wehrlos Rath giebst rings
Den Königen und den Völkern.

Hölderlin: *Germanien*

Mit dem Scheitern der hochschulpolitischen Ambitionen, die er als Rektor hegte, erfuhr Heidegger, dass der Versuch, seine philosophische Revolution mit der von den Nationalsozialisten propagierten zusammenzuführen, gescheitert war. Er stand also vor einer großen Herausforderung, er musste das Verhältnis seiner Philosophie zur Politik neu bestimmen und die Frage der Beziehung von Fundamentalontologie und praktischer Philosophie klären.

Die Lösung beider Probleme hätte seine Philosophie aus der Zeit vor 1933 erschüttern können. Es kam also darauf an, trotz notwendiger Neuorientierung eine gewisse philosophische Kontinuität zu sichern. Die fand Heidegger in der Überzeugung, dass er, zunächst als Einziger, den Weg zur Wahrheit zeigen konnte. Diese Überzeugung begründete Heidegger *ex negativo*: Seine Niederlage betrachtete er als Beweis für die These, dass alle seine philosophischen und politischen Einsichten durch die Politik der Partei verfälscht wurden. Heidegger konnte so die Schuld für sein Scheitern der Partei zuschieben.

Heidegger versuchte nach dem Rücktritt vom Rektoramt sein Denken (das die Philosophie hinter sich lassen will) und die nach wie vor bestimmende Notwendigkeit der Revolution im Bereich des Geistigen und Metaphysischen anzusiedeln. Erforderlich ist für Heidegger nun ein »anderer Anfang«, denn der erste, verfehlte Anfang lässt sich nicht einfach wiederholen. Der »andere Anfang« hält allerdings den ersten Anfang präsent. Was die Partei seiner Meinung nach zustande gebracht hatte, war kein Anfang, sondern nur ein »Aufbruch«. Damit verrät sie die versprochene Revolution. Das Verhängnisvolle am »Aufbruch« ist, dass er nicht nur nicht das ist, was notwendig wäre, sondern auch noch die Einsicht verdeckt, dass er kein Anfang ist.

Die Hölderlinvorlesung, die Heidegger im Wintersemester 1934/35 hält (*Hölderlins Hymnen »Germanien« und »Der Rhein«)*, soll diesen neuen Anfang machen. Die Wahl Hölderlins begründet Heidegger eindringlich in einem Vortrag, den er 1936 in Rom hielt. »Hölderlins Dichtung«, so heißt es dort »ist von der dichterischen Bestimmung getragen, das Wesen der Dichtung eigens zu dichten.«[191] Und auch dreißig Jahre später bekräftigt Heidegger im Spiegel-Interview:

> »Mein Denken steht in einem unumgänglichen Bezug zur Dichtung Hölderlins. ... Hölderlin ist für mich der Dichter, der in die Zukunft weist, der den Gott erwartet ... .«[192]

Die selbstreflexiv angelegte Charakteristik, das Wesen der Dichtung zu dichten, soll zeigen, dass es hier um das »Seyn« geht. Das Gedicht (das »im Gedicht rein Gedichtete«[193]) teilt nichts mit, es informiert nicht, sondern öffnet das Dasein für die Grundstimmung.

Heidegger bestätigt das, wenn er in der Vorlesung von dem »metaphysischen Ort der Hölderlinschen Dichtung« spricht und von Hölderlin als »Dichter des zukünftigen deutschen Seyns«.[194] Diese letzte Bestimmung betont unmissverständlich, dass Heidegger ein anderes deutsches Seyn im Blick hat als das nationalsozialistische. Diese Feststellung ist zu verstehen vor dem Hintergrund der Heideggerschen Metaphysikkritik. Nach dem Versagen als Rektor gewann Heidegger die Einsicht, dass die Nationalsozialisten dabei waren, die Modernisierung Deutschlands, im Sinne einer Steigerung der Industrialisierung, der Effizienz, der Logistik und der Planung voranzutreiben. Sie förderten das Bestreben nach Herrschaft über die Natur, Effizienz und Rationalisierung und radikalisierten, seiner Meinung nach, damit die klassischen, metaphysischen Optionen. Hölderlin, so Heidegger, denke nun zwar noch metaphysisch, aber er dichte »anders«. Und Heidegger will dieses »andere« Dichten, das das wahre Deutsche »dichtet«, gegen die nationalsozialistische Vereinnahmung Hölderlins wenden. Das »zukünftige« deutsche Seyn ist (schon erkennbar am »y«) nichts Deutsches, das sich als kontinuierliche Fortentwicklung des aktuellen Deutschen vorstellen ließe. Dasselbe gilt auch für das deutsche Volk. Es geht hier um ein Deutsches, das nicht nur erst nach einer Revolution zustande kommen kann, sondern eines, das auch immer revolutionär bleibt und damit in einer unverbrüchlichen Einheit mit dem Denken existiert. Das lässt sich verstehen, wenn man an den besonderen Charakter des »(anderen) Anfangs« denkt. Dieser Anfang fordert, dass man ihn nicht verlässt, dass man immer »bei ihm bleibt«. Das ist selbstverständlich ein logisches Unding, denn der Anfang ist *per definitionem* etwas, von dem man sich entfernt[196]. Das aber, sagt Heidegger, gilt nur für den Beginn, also für die Politik, das empirische Alltagsgeschäft. Für das Politische und das wahrhafte Denken gilt das nicht.[195]Sie sind insofern dasselbe, als sie beim Anfang bleiben und – revolutionär – das Gewesene (das Geschichtliche, nicht das Historische), das Künftige und das Gegenwärtige (das Wesen) in einer permanenten Bewegung bestimmen und wesen lassen.

Anhand der Wahl Hölderlins und namentlich dieser beiden Hymnen für eine Vorlesung, die nahezu unmittelbar nach seinem Rücktritt als Rektor höchste Aufmerksamkeit auf sich zog, arbeitet Heidegger sein neues Denken aus und demonstriert auf provokante Weise, dass er keineswegs resigniere, sondern sich für den Angriff auf die Partei, die ihn im Stich gelassen und Hölderlins Dichtung für die falsche Sache instrumentalisiert habe, entschieden hatte. Ähnliches wird sich zwei Jahre später in den Vorlesungen über Nietzsche, auf die ich weiter unten zurückkomme, beobachten lassen.

Sein Angriff auf die Deutungshoheit der Partei über Hölderlin und Nietzsche bedeutet allerdings nicht, dass in der Vorlesung nicht über Volk, Vaterland, Patriotismus und Heimat gesprochen würde; wir werden allerdings sehen, dass Heidegger diese Konzepte durchgehend in einem vergeistigten Sinn benutzt. Das geht einher mit seiner eher in Moll gestimmten Zeitdiagnose. Es ist die Rede von den geflohenen Göttern und vom Fehl Gottes. Vor allem geht es schwerpunktmäßig darum, zu verstehen, was Dichtung ist, was es mit dem Winken der Götter auf sich hat, wie Sprache und das Gespräch zu deuten sind, was die Grundstimmung ist, wieso der Rhein ein Schicksal ist und was ein Ursprung ist.

Aus alledem wird ersichtlich, dass Heidegger sich nicht auf der Ebene einer praktisch-politischen Auseinandersetzung bewegt, sondern die Art und Weise der Popularisierung und Ideologisierung Hölderlins (dessen Gedichte ja in jedem Tornister mitgeführt werden sollten) und Nietzsches von einem geistigen Gesichtspunkt her angreift. Wenn es dabei zu Kritik an der NS-Parteipolitik kommt, dann, weil Heidegger zeigen will, dass diese Politik grundsätzlich die Wahrheit verfehlt und verfehlen muss. Sie irrt, weil sie »unwahr« ist und deswegen kann sie auch in praktischer Hinsicht nur ihr Ziel verfehlen. Heidegger betrachtet nun aber dieses Scheitern nicht als ein kontingentes Ereignis, sondern zieht einen generalisierenden Schluss. Praktische Philosophie muss immer und notwendig scheitern, weil sie unvermeidlich die Wahrheit, die ein antagonistisches Zugleich von Entbergen und Verbergen ist, auf Richtigkeit, also auf Eindeutigkeit reduziert. Ein Beispiel dafür ist die Art, in der die Nationalsozialisten über Hölderlin reden, nämlich so, als ob dieser auf dem Niveau des »Politischen« dichte, sie verfehlen damit die Erkenntnis des »Verborgenen« und damit des Wesentlichen; sie bleiben oberflächlich. Nur deswegen kann die Partei ihn als patriotischen Dichter propagieren.

Heidegger erklärt: »Hölderlin ist einer unserer größten, d.h. unserer zukünftigsten *Denker*, weil er unser größter *Dichter* ist. Die dichterische Zuwendung zu seiner Dichtung ist nur möglich als *denkerische* Auseinandersetzung mir der in dieser Dichtung errungenen *Offenbarung des Seyns.*«[196a] Diese Aussage beinhaltet nichts weniger als die Aufforderung, die, in einer falschen Philosophie begründeten Herrschaft der Partei, abzulösen, damit die Zukunft auf der Grundlage des wahren Dichtens und Denkens gestaltet werden kann. Es geht bei diesem wahren Denken und Dichten nicht um praktische Lösungen, sondern um eine geistige Gründung, besser gesagt: um eine Stiftung. In der Dichtung Hölderlins findet Heidegger die Entsprechung zu seinem Denken eines »anderen

Deutschlands«. Hölderlin, sagt Heidegger, ist der Dichter der Deutschen. Das heißt: »der Dichter, der die Deutschen erst dichtet«[197] Als solcher ist er der »Stifter des deutschen Seyns« und der Vorbote der »Überwindung aller Metaphysik«[198], er ist der Deutscheste der Deutschen«.

Heidegger konnte bei dieser Einschätzung zurückgreifen auf den, von ihm bewunderten Norbert von Hellingrath, der Hölderlin als »Souverän des geheimen Deutschlands« bezeichnet hatte. Heideggers Rede vom »heiligen Vaterland« betraf nicht das real existierende, metaphysische, Deutschland, sondern das »verbotene« und verborgene »Germanien«. Davon zu reden, im Sinne einer begrifflichen Bestimmung wäre falsch, es kann nur im Erschweigen so gesagt werden, dass es geahnt werden kann.[199] Es geht um jenes »geheime Deutschland« von dem auch bei Stefan George und Graf Stauffenberg die Rede ist.[200]

Heidegger wehrt weiter die Vorstellung ab, dass Dichten etwas mit Erlebnissen, schönen Gefühlen und Mitteilungen im Sinne von Information zu tun haben könnte. Das kann allein schon deswegen nicht sein, weil das Dasein des Menschen zweideutig ist. Der Mensch, das Dasein, *ist* und *ist*, wie wir schon von *Sein und Zeit* her wissen, zugleich auch *nicht*. Dichtung (besser: das Wesen der Dichtung) als »Ausgesetzt sein dem Seyn« ist eben so zweideutig. Diese Zweideutigkeit kann in einem diskursiven Sprechen, in einem Gespräch, nicht angemessen zu verstehen gegeben werden. Wir können zwar Gespräche führen oder haben – wesentlich gesprochen aber *sind* wir, wie Heidegger von Hölderlin vernimmt, ein Gespräch: »Seit ein Gespräch wir sind, und hören voneinander.«

Nur wer sprechen kann, kann nach Heidegger schweigen. Und Schweigen – besser: Erschweigen – ist, wie wir gerade gehört haben, wesentlicher als Sprechen. Das ist der Kern der Schweigelehre (Sigetik) Heideggers. Diese Lehre vom Schweigen ist eine Trauerlehre, allerdings eine von der heiligen Trauer. Trauer ist nun keine Stimmung im psychologischen Sinne, sondern ein vom Seyn Gestimmt-sein, das heißt offen sein für das Seyn, für jene Wahrheit, die zugleich ein Entbergen und Verbergen ist. Ein anderes Wort für diese Stimmung ist »Innigkeit«, die ebensowenig ein Gefühl bezeichnet, sondern jenes »Harmonischentgegesetzte«, das alle Antagonismen bestimmt.[201]

Es geht hier um eine Einheit von jeweils konkreten, antagonistischen Momenten, die wir, wie gleich näher zu erläutern ist, mit Hölderlin als »heilignüchtern« verstehen können. Hölderlin spricht in dem Gedicht *Hälfte des Lebens* vom »heilignüchternen«.

Norbert von Hellingrath hatte in seiner Dissertation über Hölderlins Pindarübersetzung die von Hölderlin geschaffenen Wortbildungen, bei denen gegensätzliche Qualitäten unvermittelt aufeinander stoßen, mit einer Formel der traditionellen Rhetorik als »harte Fügung« bezeichnet. In seinem Hölderlinaufsatz »Parataxis« hat Adorno Hölderlins Dichtung eben als »parataktisch« bezeichnet.[202]

In *Hölderlin und das Wesen der Dichtung* heißt es: »Was die Dinge im Widerstreit auseinanderhält und damit zugleich zusammenschließt, nennt Hölderlin die ›Innigkeit‹«.[203] Diese Konstellation wird in *Germanien* und *Der Rhein* als Flucht und Ankunft der Götter, die sich in der Heimat und in den Strömen manifestieren, verstanden. Wiederum zeigt sich, wie sehr Heidegger sein Denken mit der Dichtung Hölderlins identifiziert. Er interpretiert nicht im klassischen Sinn, sondern stellt eine absolute Konvergenz zwischen Text und Kommentar, zwischen dem Dichten Hölderlins und seinem eigenen Denken her. – Das lässt sich am Konzept des Vaterlandes demonstrieren. Es heißt bei Hölderlin:

> Vom Höchsten will ich schweigen.
> Verbotene Frucht, wie der Lorbeer, ist aber
> Am meisten das Vaterland. Die aber kost'
> Ein jeder zuletzt.[204]

Dass vom »Höchsten« nur geschwiegen werden kann (besser: dass es nur erschwiegen werden kann), ist Heideggers wesentlichste Einsicht. Das »Höchste«, das Seyn, ist kein »Objekt« für unser Denken, das mit Prädikaten bestimmt werden könnte. Es liegt allemal »vor«, oder »über« dieser Ebene, in der prädikative Zuordnungen Sinn machen. Das Seyn *ist* eben – punktum. Es macht so etwas wie Prädikation möglich, d. h. es schreibt den Dingen eine Eigenschaft zu, entzieht sich aber der begrifflichen Bestimmung. Dieses »Höchste« kann also nie zu einer Legitimation praktischen Handelns herangezogen werden. Wenn also die Partei versucht, das Volk mit ihrem Gerede vom Vaterland für den Krieg zu begeistern, zeigt sie, dass sie von Hölderlin, dessen Gedichte sie im Tornister eines jeden Soldaten sehen möchte, nichts verstanden hat und zudem einen Kurzschluss zwischen Dichtung (Hölderlin) und Denken (Heidegger) einerseits und Propaganda anderseits macht.

»*Das ›Vaterland‹ ist das Seyn selbst* ...« heißt es.[205] Das ist so zu verstehen, dass Hölderlin es geschichtlich fasst. »Geschichtlich« bedeutet aber das Zugleich von Vergangenheit, Gegenwart und Zukunft. Heidegger meint hier also nicht das »empirische« Vaterland, sondern ein ideelles. Das Zugleich-erfassen der drei Zeitdimensionen setzt die wahre Grundstimmung voraus. Es kann nicht überraschen, dass Heidegger zur Zeit der Vorlesung diese Grundstimmung, so sehr er sie von psychischen Befindlichkeiten fern zu halten versucht, als *Trauer* bezeichnet. Auch hier findet er bei Hölderlin das passende Wort:

> Viele versuchen umsonst, das Freudigste freudig zu sagen,
> Hier spricht endlich es mir, hier in der Trauer sich aus.[206]

Das Freudigste kann man, wie wir mit Hölderlin und Heidegger wissen, nicht freudig sagen, weil dann der Gegensatz fehlt – es geht nur mit Bezug auf das Traurige. Trauer ist die angemessene Grundstimmung in einer gottlosen Zeit. Die Götter sind nach Hölderlin geflohen. Hölderlin ist ein Dichter in dürftiger Zeit.[207] Es ist die Rede vom »Fehl Gottes«. Gott scheitert nicht, er fehlt. Es wäre aber verkehrt, aus diesem Fehl einen endgültigen Verlust herauszulesen. Der Gott, der fehlt, ist, wie wir es auch bei einem geliebten Mitmenschen erfahren, umso nachdrücklicher präsent – als Abwesender.[208] Diese Verschränkung von An – und Abwesenheit zeigt sich im »Winken der Götter«.

> ... und Winke sind
> Von alters her die Sprache der Götter.

»Das Sagen des Dichters«, kommentiert Heidegger, »ist das Auffangen dieser Winke, um sie weiter zu winken in sein Volk.«[209] Ob er dadurch verständlicher wird, ist eine andere Frage.

Auch die Interpretation des zweiten Teils der Vorlesung, der Hölderlins Hymne »Der Rhein« gewidmet ist, bestätigt, dass es Heidegger hauptsächlich um geistige Grundlagen der Philosophie ging, ohne dass das ausschließt, dass er gelegentlich Seitenhiebe gegen die Partei austeilt, weil sie sich eben gegen ihn und damit gegen die wahren Grundlagen entschieden hat.

Rhein und Donau werden von Hölderlin als Schicksal und Natur angesprochen. Schicksalhaft ist ihre Denaturierung, so Heidegger, die sich durch das Christentum und durch die Wissenschaft vollzog. Das Christentum setzte die Natur zu etwas Geschaffenem herab – die Wissenschaft macht sie zum Objekt von Industrialisierung und mathematischer Ordnung des Weltverkehrs.[210] Diese letzte Bemerkung zielt auf die Modernisierungstendenzen in der Partei, gegen die Heidegger die Geschichtlichkeit des Seyns in Anschlag bringt. Auch hier betont Heidegger, dass es erst die Dichtung ist, die die Bedingungen dafür schafft, dass wir den Rhein als Strom und Schicksal – und dies in einer Wechselbeziehung – wahrnehmen und denken können. Es geht Heidegger grundlegend darum, den metaphysischen Ort zu bestimmen, von dem aus Hölderlin dichtet. Dieser metaphysische Ort ist eben die Objektivierung und damit die Herabstufung des Seyns zu einem Seienden. Hölderlin ist diesem Ort noch verhaftet, denkt noch metaphysisch – weist aber mit seiner Dichtung über diese Beschränkung hinaus. Heidegger aktualisiert dieses Hinweisen, indem er versucht, die Dynamik der vorher angeführten Antagonismen dem »Volk dieses Landes« zuzuschreiben. Diesem Volk (nach dem Wort in *Germanien*: »auserwählt«) ist ein »schwer zu tragendes Glück« aufgetragen: »ein Zwischen zu sein, eine Mitte, aus der und in der Geschichte gegründet wird«. Heidegger versteht Hölderlins »Aktualität« als die seinige. Auch er plädiert für »Wehrlosigkeit«. Dabei geh es um eine »geschichtliche Größe, die der Abwehr und Gegenwehr nicht mehr bedarf«.Schwer ist der Auftrag, weil er von uns fordert, »das Nationelle frei zu gebrauchen«.[211] Heißt das nun nicht doch eine Rückkehr zum nationalistischen Gedankengut? Die nächste Vorlesung Heideggers über Hölderlin zeigt nicht nur das Gegenteil, sondern überrascht uns auch mit einem radikalen Perspektivenwechsel.

Hölderlins Hymne *Andenken*

Mit seiner Vorlesung *Hölderlins Hymne ›Andenken‹* (Wintersemester 1941/42) setzt Heidegger die intensive Auseinandersetzung mit Hölderlins Dichtung fort, die sich über mehr als zwanzig Jahre erstreckt. Damit wahrt er ein hohes Maß an Kontinuität. Anderseits greift er ein neues Thema auf, nimmt einen bedeutenden Wechsel bei der Beurteilung der Bedeutung der griechischen Philosophie für seine eigene vor und ändert radikal die bisherige systematische Perspektive.

Diese äußerst wichtigen Änderungen hängen zweifellos zusammen mit der Zeit, in der Heidegger diese Vorlesung abhielt. Es war der erste Winter nach dem Überfall auf die Sowjetunion, und es ist unwahrscheinlich, dass Heideggers Philosophie, auch wenn sie die geistigen Grundlagen der Kultur thematisierte, vom Krieg nicht berührt worden wäre. Wir haben ja gesehen, dass Heidegger an den äußeren Entwicklungen das Maß der Entfernung des »Politischen« von der »Politik« ablas und von der Wahrnehmung dieser Entfernung her die »Unwahrheit« des »Politischen« kritisierte. Es ist aber hier wohl so, wie auch im Fall der vorangehenden Hölderlinvorlesung aus dem Wintersemester 1934/35, dass es nicht nur äußere Faktoren waren, die Heideggers negative Wertung des real existierenden Nationalsozialismus beeinflussten. Sie lösten vielmehr etwas aus, das in der Dynamik seines Denkens angelegt war.

Das neue Thema in Heideggers Denken ist das »Nationelle«, wie es in Hölderlins Hymne »Andenken« genannt wird. Es geht bei Hölderlin wie bei Heidegger, der hier auch wieder Hölderlins Dichtung in ihrer Aktualität für die 1940er Jahre liest, vor allem oder zuerst nicht um etwas Nationales im politischen Sinne, sondern um eine kulturelle Disposition. Das zeigt sich an Heideggers Rückgriff auf die griechische Philosophie. Auffallend ist, dass Heraklit aus dem Blickfeld verschwunden ist. Nebenrollen spielen Pindar und Sophokles. »Die Griechen« kommen jetzt aber nur vor als Inbegriff einer kulturellen Unterschiedenheit von den Deutschen. Durch die Griechen lernen nun die Deutschen das Eigene besser kennen. Heidegger ändert weiter radikal seine systematische Perspektive. Die Dynamik der Idee der radikalen Umwälzung und der harten Gegensätze wird abgelöst von der Idee des Übergangs. Das kommt in »weichen« Metaphern zum Ausdruck. Es ist eben nicht mehr die Rede von Kampf und Streit, sondern vom Schicklichen und Heiligen, von »einwiegenden Lüften«, von Versöhnung und Ausgleich. Zwischen den Gegensätzen liegen nun Brücken und Stege. Dieser Wechsel des Idioms und der Systematik knüpft an die Fragmente an, die Heidegger später als *Besinnung* veröffentlichen wird und die die Figur des Wartens an die Stelle des Eingreifens setzen.[212]

Das *Nationelle*, die Griechen und die Deutschen

Wenn Heidegger in *Andenken* zurückgreift auf das »Nationelle«, ist jede Assoziation mit dem politisch Nationalen – und erst recht mit dem Nationalsozialistischen fernzuhalten. Es geht beim Nationellen um das Wesentliche oder Eigentliche der griechischen und der deutschen Kultur. Heidegger übernimmt hier eine Charakteristik aus dem Brief Hölderlins an seinen Freund Böhlendorf vom 4. Dezember 1801. Dort heißt es: »Wir lernen nichts schwerer als das Nationelle frei gebrauchen. Und wie ich glaube, ist gerade die Klarheit der Darstellung uns ursprünglich so natürlich, wie den Griechen das Feuer vom Himmel.«[213]

Nichts ist schwerer zu lernen als der freie Gebrauch des Eigenen, behauptet Heidegger und begründet das damit, dass das Eigene das Selbstverständliche ist und deswegen am ehesten versäumt, missdeutet und verloren wird. Warum, so müssen wir zunächst fragen, setzt Heidegger das Deutsche in Beziehung zum Griechischen? Und zweitens: Was hat es mit dieser Beziehung auf sich? Heidegger hat, wie wir gesehen haben, die Geschichte der Philosophie als die verfehlte Frage nach dem Sein rekonstruiert bzw. dekonstruiert. Die Philosophen hätten von Anfang an (im doppelten Sinn des Wortes) Sein und Seiendes verwechselt und nicht nach dem Sein, sondern nach dem Seienden gefragt. Heraklit und Parmenides hätten so den »wahren Anfang« verfehlt. Heidegger sieht es deswegen als seine Aufgabe, den »wahren Anfang« neu zu wagen. Der alte Anfang kann selbstverständlich nicht wiederholt werden, vor uns liegt eine »anderer Anfang«, der aber ohne Rückbezug auf den ersten Anfang nicht gelingen kann. Der erste Anfang bleibt präsent – west weiterhin an. Deswegen ist es geboten, auf das Eigene der Griechen zu achten. Heidegger sieht sich darin bestätigt durch Hölderlins intensive und vielfache Orientierung an der griechischen Kultur.

Mit der Differenz zwischen dem Griechischen und dem Deutschen, die Heidegger in Anschluss an Hölderlin artikuliert hat, nimmt er nun eine radikale Änderung seiner Wesensbestimmung des Denkens vor. Zunächst bemerkt er, dass das jeweils Eigene nicht abgekapselt, also nichts in sich Isoliertes, Verschlossenes sei. Es verhalte sich vielmehr so, dass das Eine auf das Andere bezogen sei. Die jeweiligen Pole sind nun nach Heidegger erst von den jeweiligen Gegenpolen her zu verstehen. Die Art der Beziehung ist eine besondere – sie kommt uns allerdings bekannt vor. Wir erinnern uns an die Art und Weise, in der Heidegger in »Ursprung des Kunstwerkes« das Verhältnis von Welt und Erde dachte. Die Welt als die Kraft des Öffnens hat die Gegenkraft des Verbergens in sich, so wie der Erde als Kraft des Verbergens das Entbergen immanent ist. Ähnlich verhält es sich mit dem »Feuer vom Himmel« und der »Klarheit der Darstellung«. Beide sind nicht als hermetisch gegeneinander abgeschlossene statische Entitäten zu sehen. Sie sind vielmehr Kräfte, deren Einheit im Antagonismus zu fassen ist. Während Welt und Erde ein dynamisches Gegeneinander sind, verhalten sich das Eigene des Deutschen und der Griechen harmonisch.

Was ist, so fragen wir zunächst, die »Klarheit der Darstellung«? Heidegger wehrt die Vorstellung, dass sie etwas mit einem »Fortschritt der Bildung« zu tun haben könnte vehement ab. »Bildung« ist bloß etwas äußerlich Angelerntes. Sie sei nur die Fortschreibung jener Disposition, die zur Uneigentlichkeit in der wissenschaftlich-technischen Welt passt. Heidegger bringt sie in Verbindung mit der »Züchtung der Anlage zur sicher beherrschten Eigenart«.[214] Sie hat auf jeden Fall nichts zu tun mit dem »freien Gebrauch des Eigenen«. Die hier geforderte Freiheit denkt Heidegger selbstreflexiv – sie muss zu sich kommen. Das geschieht nur dann, wenn sie das »ins Freie kommen« am Dunklen, an ihrem »Anderen« misst. Mit dieser Formulierung stellt Heidegger die Beziehung der Freiheit zur Wahrheit her. Die Wahrheit als *a-letheia* ist aber, wie wir wissen, auch eine dynamische Beziehung von Entbergen und Verbergen, des Hellen und des Dunklen. Und Heidegger zitiert in diesem Zusammenhang denn auch mehrmals die Verse Hölderlins in denen von einem »dunkeln Licht« die Rede ist.

> Es reiche aber
> Des dunkeln Lichtes voll,
> Mir einer den ... Becher ... [215]

Diese widersprüchliche Zusammenstellung des Dunklen und des Lichtes ist die Bedingung für den freien Gebrauch des Eigenen, weil sie die widerspruchsvolle Dynamik der Wahrheit zum Ausdruck bringt. Das Eigene als das Selbstverständliche ist uns, wie wir schon gehört haben, nicht ohne weiteres zugänglich. Es muss für den freien Gebrauch gelernt werden. Was uns aber nicht unvermittelt zugänglich ist, muss auf indirektem Wege erfahrbar gemacht werden. Das kann nur geschehen als Umweg zu sich über den Gegenpol. Das Eigene können die Deutschen nicht lernen, indem sie sich nur auf sich beziehen. Mit unverkennbarer Kritik am Biologismus der Parteiideologie und einer Wissenschaft, die sich nur auf die »Natur« bezieht, sagt Heidegger, dass sich das Eigene »nie durch Schädelmessungen und durch die Beschreibung ausgegrabener Spieße und Spangen feststellen lässt«.[216] Die Deutschen können es nur lernen, indem sie sich das Griechische (das Andere) aneignen. Setzt das aber nicht voraus, so fragt Heidegger, dass wir im Zuge des Strebens nach »Klarheit der Darstellung« nüchtern werden? Was bedeutet aber »nüchtern«? Heidegger findet bei Hölderlin einen Hinweis. Dabei ergänzt er nach dem bekannten Muster das Nüchterne mit dem Heiligen. In *Hälfte des Lebens* heißt es:

> Mit gelben Birnen hänget
> Und voll mit wilden Rosen
> Das Land in den See,
> Ihr holden Schwäne,
> Und trunken von Küssen
> Tunkt ihr das Haupt
> Ins heilignüchterne Wasser

Das Heilignüchterne ist ein alter Topos in der Philosophie und der Kunst. In Philons Schriften findet sich das Oxymoron der »nüchternen Trunkenheit« (*methe nephalios/sobria ebrietas*). Mit dieser Formel unterscheidet Philon den durch Alkohol oder sonstige Rauschmittel verursachten Rausch von jener Ekstase, in die wir durch die Weisheit und durch »Gottesbegeisterung« versetzt werden.[217] Als krasses Gegenbeispiel gegen diesen heiligen Rausch kritisiert Heidegger die Flucht in den profanen Rausch und, man höre, in den »Blutrausch«.[218]

Wenn Heidegger sich vergegenwärtigt, was das Eigene des Griechischen ist, zitiert er Hölderlins Wort vom »Feuer des Himmels«. Merkwürdigerweise geht Heidegger nicht näher auf die Bedeutung ein, die dieses Wort hat. Es liegt auf der Hand, zu vermuten, dass Heidegger hier mit Hölderlin an den Blitz denkt, dem sich der Dichter auf freiem Feld aussetzt. Wenn er getroffen – von Apoll geschlagen – wird, vermag er zu dichten. Das Feuer des Himmels (das Heilige) findet seine Gestalt in der Klarheit der Darstellung. Die Klarheit der Darstellung findet ihre Substanz im Feuer des Himmels. Das Heilignüchterne verwirklicht sich im Dichten – und Denken – als Suche und Frage nach der Wahrheit.

Mit dem Heiligen ist ein weiterer Gedanke Heideggers in Erscheinung getreten. Nicht nur die Wahrheit ist heilig, auch das Vaterländische. Die Kapitelüberschrift des § 44 in Heideggers Intepretation von *Andenken* formuliert den Kern seiner These:

> »Das Eigene als das Heilige des Vaterlandes, den Theologien und historischen Wissenschaften unzugänglich. Das »Höchste«.«

Der Theologie und den historischen Wissenschaften, die als »positive« Wissenschaften einer verselbständigten und abstrakten »Methode« und Logik verfallen sind, ist das »Höchste« und Heilige entzogen. Das Vaterland ist nicht nur das Höchste, sondern auch das »am meisten Verbotene«.[219] Es ist eben nicht das »Politische«. Die »verbotene Frucht« wächst nur »im Licht und Äther, im Element des Höchsten, d.h. des Heiligen«.[220] Mit dem empirischen, real existierenden Vaterland darf dieses, das heilige und heimliche, also nicht verwechselt werden.

Auffällig ist nun – im Vergleich zu *Germanien und der Rhein*, dass Heidegger das Konzept und die Metaphorik wechselt. Die Beziehung zwischen den Extremen, die er dort noch als Kampf und Streit fasste, wird nun als Übergang, Steg und Versöhnung bezeichnet. Darüber, was Heideggers Sinneswandel mitten im Krieg veranlasst hat, kann man nur spekulieren. Hat Heidegger die Idee und Durchführung einer Revolution nur in der Krisenzeit der dreißiger Jahre vertreten? War es die Enttäuschung über das Misslingen des Blitzkrieges und die Wahrnehmung und Erfahrung des andauernden und gesteigerten Elends, die Angst um die eingezogenen Söhne, die ihm klar machten, dass der drastisch gesteigerten Dynamik der Ereignisse ein Halt bereitetet werden musste? Wohl kaum. Tatsache ist, dass es einen Wechsel in den philosophischen Grundzügen Heideggers gegeben hat. Allerdings betrifft dieser Wechsel nicht die unmittelbare Praxis und spielte sich weit von jeder Philosophie des Handelns ab. Es ging in Heideggers Denken nie um die Rechtfertigung unserer Interventionen oder gar um Ethik. Die Frage, wann er denn eine Ethik schreiben würde, negierte er – je nachdem wie man das einschätzen mag – souverän oder zynisch. Die Kampf- und Streitrhetorik aus der Vorkriegszeit bewegte sich eben auf einer vergeistigten Ebene. Die während des Krieges von der Idee der Versöhnung eingefärbte Rhetorik ist genausowenig praktisch orientiert.

Es geht in beiden Fällen um eine Grundlagenphilosophie. Heidegger setzt nun in seinem ganzen Schaffen sein eigenes Denken gegen das ab, was er Metaphysik nennt. Zu dieser gehört für ihn auch das Muster der nationalsozialistischen Parteipolitik, weil auch diese eine schrankenlose Instrumentalisierung des Wissens betreibe. In *Hölderlins Hymne ›Andenken‹* heißt es:

> »Die schrankenlose Herrschaft der modernen Technik in jeder Ecke dieses Planeten ist nur die späte Folge einer sehr alten technischen Auslegung der Welt; welche Auslegung sonst Metaphysik heißt.«[221]

Möglich ist, dass Heidegger zu der Einsicht kam, dass sich sein Denken durch die alte Kampfmetaphorik und das ihr zugrunde liegende Denkmuster zu sehr auf der gleichen Ebene wie die gegnerische Position befand. In dem zentralen § 44 ist die Überlegung zu finden, die Heidegger einen Ausweg aus dem Problem zeigte. Es ist dort die Rede vom »verirrten Vorhaben, ... wissenschaftlich und d.h. heute stets rational-organisatorisch-technisch das Wesenhafte ausmachen zu wollen.« Es muss »bedacht sein, daß die Ablehnung des ›Rationalen‹ nicht gleichgesetzt werden darf mit der gleich billigen Anrufung des ›Irrationalen‹, denn dieses ist ja nur der Milchbruder des ›Rationalen‹.«[222] Es gilt also, die Ebene der Gegenüberstellung des Rationalen mit dem Irrationalen – mit dem Heideggers Schaffen gleichgesetzt wurde – zu übersteigen und das eigene Denken auf einem anderen Niveau anzusiedeln.

Auf dieser anderen Ebene kommt auch das Schweigen erst zu seinem Recht. Schweigen heißt eben nicht Nicht-Reden, eine Pause in den eigenen Redeschwall einzulegen. Schweigen ist nicht eine Frage der Wahl zwischen Sprechen und Nicht-Sprechen in einer Unterredung, sondern die Entscheidung, sich nicht auf diese Alternative einzulassen. Über das

Schweigen kann man nicht angemessen reden, denn dann wird es objektiviert. Das Schweigen gehört zum Vaterländischen. Ihnen kann man in einem Diskurs nicht gerecht werden. Sie können, wie Heidegger sagt, nur »erschwiegen« werden. Dieses Erschweigen kann man als die geeignete Metapher für das Verlassen der faktischen Ebene auffassen, weil es sich ja nicht auf dem Niveau eines Diskurses ereignet. Es ist vielmehr ein Moment in jenem Kreisgang, den Heidegger mit seiner Hölderlininterpretation initiierte. Im Kreisgang sind die antagonistischen Kräfte in harmonische Verhältnisse transformiert, ohne dass damit jede Dynamik zu einem Ende gekommen wäre.

6

Die Technik und die *Die Kehre*

In seinem kurzen Vortrag mit dem Titel *Die Frage nach der Technik* von 1955, der 1962 veröffentlicht wurde, führt Heidegger viele Überlegungen aus den vorherigen Jahren zusammen und verdichtet sie zu einer Zeitdiagnose. Auf die Gefahren, die der Menschheit vom »Wesen der Technik« drohen und eine mögliche Rettung kommt er dort und in seinem kurzen Text *Die Kehre* zu sprechen, den er der Zweitveröffentlichung 1962 beigab. Bei der Bedeutung, die Heidegger dem Wesen der Technik, der Technik und seinem Konzept der »Rettung« beimaß, kann es nicht überraschen, dass er diese Themen auch noch in anderen Schriften erörterte, u.a. in *Die Zeit des Weltbildes* (1950), *Das Ding* (1954), *Wissenschaft und Besinnung* (1954), *Nietzsches Wort ›Gott ist tot‹* (1950), *Überwindung der Metaphysik* (1954), *Was ist Metaphysik?*. Umgekehrt ist es auch so, dass Heidegger in diesem Text zentrale Überlegungen aus früheren Jahren konzentriert. Zunächst leitet er seine Erläuterungen mit einer methodologischen Entscheidung ein. Sein Vorgehen ist nur als »Fragen« durchzuführen. Tatsächlich bezeugt die Forderung, Denken als Fragen zu verstehen und zu verwirklichen ein hohes Maß an Kontinuität in Heideggers Philosophie von den Anfängen bis hierher und über diese Schrift hinaus.[223]

Die *Frage* nach dem Sein bestimmte nicht nur schon *Sein und Zeit*, sondern auch die Schriften in und nach der »Kehre«. Die Differenz zwischen der »Leitfrage« – der Frage nach dem Sein des Seienden vom Dasein her – und der »Grundfrage« – der Frage nach dem Sein (Seyn) vom Sein her – die Heidegger in den *Beiträge zur Philosophie* (1936/38) und *Besinnung* (1938/39) zur zentralen Aufgabe seines Denkens erklärte, bleibt auch später konstitutiv. Das Fragen ist deswegen der einzige Weg des Denkens, weil es anders als alles andere Sprechen die einzige angemessene Beziehung zur Wahrheit verwirklichen kann. Wahrheit, so haben wir gesehen, ist das Zusammenspiel von Verbergen und Entbergen. Wir können aber nie sicher sein, ob sich das Sein entbirgt oder verbirgt. Diese Unsicherheit verbietet Aussagen (Urteile), die Anspruch auf eine unbezweifelbare Wahrheit erheben. Da bleibt eben nur das Fragen. Dabei ist das »nur« keine Einschränkung des Denkens, sondern die einzig gültige Bestimmung des Denkens. Heidegger kann *Die Frage nach der Tech-*

nik deswegen mit einem provozierenden Spruch abschließen: »Denn das Fragen ist die Frömmigkeit des Denkens.«

Heidegger fängt an mit einer uns inzwischen vertrauten Unterscheidung, der zwischen dem, wonach wir fragen und dessen Wesen; hier also zwischen der Technik und dem Wesen der Technik. Heidegger versucht diesen Unterschied zu erläutern anhand des Beispiels des Baumes und des Wesens des Baumes. Das Wesen des Baumes ist eben nicht ein Baum unter anderen Bäumen. Ob dieses Beispiel eines materiellen Gegenstandes ohne weiteres mit einem Abstraktum parallelisiert werden kann, ist fraglich, aber Heidegger verschärft es noch, indem er das Wesen der Technik als das »ganz Andere« zur Technik bestimmt. Das hat nicht nur damit zu tun, dass er, wie üblich, das Wesen als Verb versteht. Das Wesen ist keine der Zeit enthobene, ewige Idee, sondern dynamisch und widersprüchlich. Es ist, wie der Grund, gleich »wesentlich« ein Abgrund ist, ein Anwesen, Abwesen und Unwesen. Das Wesen der Technik ist also selber »ganz und gar nichts Technisches«.[224]

Wir erinnern uns an eine Parallele: Das Politische als der alltägliche, agonistische Prozess der Konsens- und Kompromissbildung, das empirische, alltägliche Geschäft wird konstituiert von der »Politik«. Die »Politik« ist das »Andere«, das Geistige zum Empirischen. Es kann nun keine Rede davon sein, dass Heidegger das Politische oder die Technik abwerten würde. Sie sind nur kein Thema seines Denkens, denn das ist ausschließlich das Geistige, das Wesen. Es wäre deswegen auch falsch, Heidegger für einen weltfremden Gegner der Technik zu halten. Ihm liegt daran, davon zu überzeugen, dass ein instrumentelles Verständnis der Technik, weil es keinen Blick auf das Wesen der Technik zulässt, uns der Möglichkeit beraubt, zu sehen, was deren Gefahren sind. Auf einem anderen Blatt steht dann immer noch die Frage, inwiefern Heidegger antimodern ist.

Das dem so ist, können wir sehen, wenn wir – und damit wiederholt und bestätigt Heidegger schon gleich zu Anfang eine zweite systematische Grundüberzeugung – uns verabschieden von der traditionellen Voraussetzung der Philosophie, dass wir uns beim Denken den fraglichen Sachverhalt vorstellen sollten.

Vorstellen ist angemessen, wenn es um Empirie geht, um Urteilen, um den Effekt von Interventionen, um Richtigkeit, nicht aber, wenn es um Wahrheit geht. Heidegger macht für die Einebnung dieser Differenz Leibniz und Descartes verantwortlich. Vorstellen heißt unausweichlich Feststellen und dieses widerspricht der Dynamik des als Verb gedachten Wesens. Sogar die gängige Kritik oder gar Ablehnung der Technik, die sich seit dem Erscheinen der Schrift Heideggers und der Technikbegeisterung der frühen Nachkriegszeit auf vielfältige Art und heute intensiver denn je verbreitet, greift nach Heidegger zu kurz, weil sie eben dem Vorstellen verhaftet bleibt und so das »Wesen der Technik« verfehlen muss. Und auch hier droht wie bei der Seinsvergessenheit, die heißt, dass wir das Sein vergessen und auch dieses Vergessen vergessen, dass wir nicht nur das Wesen der Technik nicht angemessen denken, sondern nicht mal sehen können, dass wir es nicht angemessen denken.

So bleiben wir der Vorstellung verhaftet, dass die Technik ein Mittel zu einem Zweck ist und dass sie den Zielsetzungen des technischen Handelns gegenüber neutral sei – sie setzt eben selber keine Werte. Auch als Tun des Menschen, also in der zweiten Bedeutung, die wir mit Technik verbinden, erscheint sie als Instrument und damit als wertneutral. Ob mit dem Hammer etwas Nützliches gemacht oder ein Mord verübt wird, ist nicht dem Hammer anzulasten. In dieser Hinsicht ist es gleichgültig, ob wir über traditionelle Technik und Instrumente reden oder über hochkomplexe, neueste Technik.

Es ist nach Heidegger selbstverständlich, dass die Menschen angesichts der immer größer werdenden Möglichkeiten, technisch einzugreifen, sich Sorgen machen über die Beherrschbarkeit der Technik. Heidegger verweist schon zu dieser Zeit vorausschauend auf mögliche Gefahren, die von Kernkraftwerken ausgehen, und artikuliert sein Unbehagen über genetische Manipulationen. Für ihn gilt, dass gerade dieser Wille zum Beherrschen der Technik ein Hinweis darauf ist, dass wir immer noch nicht wirklich verstehen, was es mit der Technik auf sich hat. Für Heidegger ist gerade der Wille zum Herrschen die Quelle der Gefahr für die Menschheit, denn er festigt eine Sicht auf uns, unser Tun und unser Vorstellen als Feststellen. Damit entziehen wir uns der Einsicht in die Dynamik des Wesens als widersprüchliche und antagonistische Einheit von Gegensätzen, die erst das Fragen nach der Wahrheit ermöglicht.

Die Feststellung, dass die Menschen das Herrschen durch die Technik und über die Technik positiv bewerten, ist nun für Heidegger, so sehr das auf den ersten Blick überraschen mag, der Punkt, an dem er sein Verständnis des Denkens als revolutionäre Tätigkeit bestätigt sieht. Wir haben schon gesehen, dass Heidegger der Überzeugung ist, dass schon am Anfang der Philosophie, namentlich bei Parmenides und Heraklit, der »wahre« Anfang verfehlt wurde. Nur eine denkerische Revolution, die die ganze Tradition der Philosophie de(kon)struiert, kann für Heidegger zu einem »anderen Anfang« führen. Keine Revolution ohne De(kon)struktion. Wobei die Betonung angesichts der martialischen

Sprache Heideggers auf Zerstörung lag. Alles musste zur Entscheidung gezwungen werden – wenn nötig mit Gewalt. Diese Einstellung führte dann 1933/34 zu den entsprechenden positiven Bewertungen von Dezisionismus und Führertum. Nach der Katastrophe seines Engagements ändert Heidegger die Perspektive. In den Hölderlinvorlesungen propagiert er nicht mehr Gewalt und Entscheidung, sondern »Übergänge«, »Einschwingen« und setzt die Metapher des »Stegs« ein, um eine radikale Änderung der Charakteristik des Denkens anzuzeigen.

Wir sind hier Zeugen einer bemerkenswerten, um nicht zu sagen: revolutionären Änderung des Heideggerschen Denkens. In *Sein und Zeit* hatte er die These vertreten, dass die Philosophie die Wissenschaften anleiten sollte. Die größte Gefahr sah er damals in der Erstarrung, der die Wissenschaften durch die Fixierung auf Urteile, Begriffe und Logik ausgesetzt seien. Schon bald danach beanspruchte er für die Philosophie bzw. das Denken einen Sonderstatus, den er genüsslich mit der Skandalisierung der Logik (»Das Sein ist das Nichts«) dokumentierte. *Grosso modo* kann man sagen, dass Heidegger es sich zum Anliegen gemacht hatte, zu zeigen, dass die ganze philosophische Tradition sich geirrt hatte, als sie das Sein als ewig und unveränderlich dachte. Das erstarrte Denken musste nach Heidegger nun revolutioniert werden. Das erfordert ein Denken, in dem das Sein und das Nichts in einer permanenten und dynamischen Selbstreflexivität gedacht werden. Diese Selbstreflexivität sei eben nicht nur Theorie, sondern auch Praxis.

Man muss hier sehen, dass Heidegger damit die geläufige Bedeutung von Theorie und Praxis revidiert. Konsequenterweise konnte Heidegger Anfang der dreißiger Jahre für ein »Eingreifen« plädieren. Gegen Ende diese Jahrzehnts tauscht Heidegger die Parole »Eingreifen« ein gegen »Warten«.[225] Wir sehen nun in den fünfziger Jahren, in der Folge der »Kehre«, abermals einen Wechsel des Schwerpunkts. Es geht Heidegger nun nicht mehr nur um ein schon immer als Praxis gedachtes Denken, sondern auch um die reale Bedrohung des Menschen durch Kernkraftwerke und Gentechnik.[226]

Der historische Rückblick zeigt auch bei der Frage nach der Technik einen entsprechend radikalen Wandel. Es ist dabei wichtig zu sehen, dass Heidegger nicht nur in der modernen, sondern auch in der vormodernen Technik ein Streben nach Herrschaft sieht. Um das zu verdeutlichen, greift er zurück auf die Lehre der vier Ursachen bei Aristoteles. Diese Lehre besagt, dass vier »Ursachen« im Spiel sind beim Verfertigen von Artefakten: der Stoff, aus dem etwas gemacht, die Form, die es annimmt, der Zweck, zu dem es dienen soll, und der Handwerker. Bei dieser Aufzählung zeigt sich, dass die Technik immer als Mittel zum Zweck und dass das ganze Geschehen mit Hilfe der Vorstellung der Kausalität verstanden wird. Wir sollten aber nach Heidegger Kausalität nicht simpel als gegeben akzeptieren, sondern sie hinterfragen. Wir erkennen das Muster, nach dem Heidegger vorgeht. Es kann, wenn es um Wahrheit geht, nie darum gehen, dass das Denken sich beruhigt mit einer Antwort, die das Fragen zu einem Ende bringt. Genau das aber ist in der Tradition gang und gäbe geworden. Heideggers Weg im Denken unterscheidet sich davon radikal, er bleibt der *Weg* des nie endenden Fragens.

An dieser Stelle sieht Heidegger wieder eine Bestätigung seiner These, dass die philosophische Tradition mit Platon und Aristoteles, das heißt mit der Systematisierung und Verwissenschaftlichung der Philosophie, einen falschen Weg eingeschlagen hat. Dass sich hier »ein Begriff eingestellt hat«, ist der Indikator für die Erstarrung des Denkens. Wir müssen also hier, wie an anderen Stellen, auf die Vorsokratiker zurückgreifen. Das geht nun wiederum nicht ohne dass Heidegger mit einer fragwürdigen Übersetzung des griechischen Wortes *aitia* als »Schuld« operiert. Wie in *Sein und Zeit* mit dem »Man« beeilt Heidegger sich, zu versichern, dass es hier nicht um eine moralische Qualifikation geht. Aber warum er nun ausgerechnet ein dann doch missverständliches Wort wählt, bleibt unklar.

Heidegger liegt vor allem wohl daran, uns davon zu überzeugen, dass das sogenannte »Verschulden« als *poiesis* (»Ver-an-lassen«) zu verstehen ist – genauer: etwas als Anwesendes, Erscheinendes »in den Vorschein« zu bringen. Das ist nach Heidegger der »wahre« Sinn der frühgriechisch gedachten Kausalität.[227] *Poiesis* ist nun nicht nur das handwerkliche Verfertigen und das künstlerische Schaffen, sondern auch *physis.* Das ist deswegen entscheidend für das Verständnis dessen, was Heidegger hier beabsichtigt, weil die *physis*, als das natürliche Wachstum, das etwas erscheinen lässt, ihr Ziel nicht außerhalb ihrer selbst, sondern in sich hat. Und wir erinnern uns, dass diese Selbstreflexivität das Merkmal des Wahren ist. Nur sie ermöglicht das Denken des Seins/Seyns (genitivus objectivus/genitivus subjectivus). Da hat sich in Heideggers Denken nichts geändert. Nur: Vorher war diese Selbstreflexivität als »Gewalttätiges« gedacht, jetzt zeigt sie sich als Befreiung von Gewalt und Herrschaft.

Vor diesem Hintergrund sagt Heidegger, dass auch die *techne poiesis* sei.[228] Technik ist demnach kein Instrument, sondern eine Weise des Entbergens. Sie ist der Ebene der Empirie vorgelagert, sie hat es nicht mit der Richtigkeit, sondern mit der Wahrheit zu tun. *techne* ist nicht nur *poiesis*, sondern auch *episteme*. Von diesem »Ausblick« sagt Heidegger, dass »er uns befremdet«. Und er fährt fort: »Das soll er auch, soll es möglichst lange und ... bedrängend«.[229] Das Staunen, das in der Philosophie Platons und Aristoteles als Anfang und Anstoß für das Philosophieren galt, soll in Erkenntnis transformiert werden. Nicht so bei Heidegger, der das Staunen (als Fragen) auf Dauer stellen will. Denken soll immer »beim Anfang bleiben«, wie widersprüchlich sich das auch anhört.

Die moderne Technik verharrt dagegen nicht beim Anfang, sie schreitet fort. Dieser Fortschritt ist kein »sich dem Entbergen öffnen«, sondern, wie Heidegger sagt, ein »Herausfordern«. Die Beispiele, die er dafür gibt, greifen teilweise implizit zurück auf die philosophische Tradition. So etwa, wenn er an Lockes Verständnis des Geldes anknüpft als etwas, das im Gegensatz zu verderblichen Naturprodukten nicht verdirbt und also gelagert werden kann. Es sieht so aus, als ob Heidegger diesen Sieg des Menschen über die Natur als illegitime Herrschaft wertet. Nichts ist erhabener, so dürfen wir Heideggers zweites Beispiel vor dem Hintergrund seiner Bauerntums- und Schwarzwald-Verehrung verstehen, als die Arbeit des Landmanns. So heißt es technikkritisch: »Ackerbau ist jetzt motorisierte Ernährungsindustrie«.[230] Nicht zu Unrecht, meine ich, kann Heidegger darauf hinweisen, dass es den Rhein jetzt zweimal gibt. Wir können alle sehen, dass in der Hymne Hölderlins von einem anderen Fluss die Rede ist als von dem, der in Breisach das Wasserkraftwerk antreibt.

Heidegger beschreibt die genannten Vorgänge, also das, was wir als Ausbeutung der Natur bezeichnen würden, als ein »Stellen« oder »Bestellen« im Sinne des Zur-Verfügung-haltens. In der negativen Bewertung dieses »Stellens« als Stillstellen, als Festhalten und Erstarren (Speichern und Beherrschen) können wir eine systematische Parallele mit der Abkehr von Antworten und der Präferenz für das Gegenteil, das Fragen, sehen.

Und hier gilt auch: Was der Mensch der Natur antut, tut er sich selber an. Menschen werden, so Heidegger, in der Klinik zu »Krankenmaterial«, der Förster sieht keine Bäume, sondern Zellulosebestände; er ist nicht mehr der Hüter der Bäume, sondern der verlängerte Arm der Zeitungsindustrie. Nur: restlos kann der Mensch nie in den Bestand aufgehen. Und das deswegen, weil die Verwertung der Natur kein bloß menschliches Tun ist. Es ist also die Abhängigkeit von etwas, über das der Mensch nicht verfügt und verfügen kann, was ihn, möglicherweise, »rettet«. Dass es so etwas gibt, steht für Heidegger außer Frage, denn die instrumentelle Einstellung zur Welt ist nur möglich, wenn es eine ursprünglichere, wesentliche Haltung zur Natur, der eigenen wie der äußeren, gibt. Diese letztere ist die Unverborgenheit, sie erst macht das Entbergen und das Herausfordern möglich, die sich nun als reduzierte, eindeutige Haltungen einer reicheren, vieldeutigen Wesenshaltung zu erkennen geben.

Für das erstere prägt Heidegger nun ein Wort, das nahezu in jeder Diskussion über sein Werk auftaucht: »Ge-stell« – mit jenem Trennungsstrich, der das Logo der Heideggerschen Begrifflichkeit ist. »Gestänge, Geschiebe und Gerüste« gehören zum Technischen. Das »Ge-stell« ist nichts Technisches.

> »Ge-stell heißt das Versammelnde jenes Stellens, das den Menschen stellt, d.h. herausfordert, das Wirkliche in der Weise des Bestellens als Bestand zu entbergen.«[231]

Heidegger bekämpft nun die Auffassung, dass die moderne Technik die Anwendung der schon gegebenen Erkenntnisse der Physik sei. Das Gegenteil ist nach ihm der Fall. Das Wesen der modernen Technik ist das Frühere. Erst dann, wenn der Mensch vom Wesen der Technik als »Ge-Stell« bestimmt wird, kann er Physik als die diesem entsprechende Wissenschaft entwickeln. Unmissverständlich stellt Heidegger klar: »Aber es [das Entbergen] geschieht ... nicht nur *im* Menschen und nicht maßgebend *durch* ihn.«[232] Das heißt aber nicht, dass es »jenseits« des Menschen geschieht. Der Mensch wird durch das »Ge-stell« selber gestellt. Er wird, wie Heidegger sagt, »auf den Weg gebracht«, geschickt. Es liegt nun für Heidegger auf der Hand, eine »innigste Verwandtschaft« von Geschick und Geschichte (die, wie wir schon wissen, nicht mit Historie als Wissenschaft zu verwechseln ist) zu behaupten. In der Entscheidung, auf dieses Geschick zu hören, liegt die wahre Freiheit und die Wahrheit des Menschen.

Auf das Geschick zu hören und sich also der Freiheit des Entbergens auszusetzen, beschwört eine Gefahr herauf, sich nämlich nur auf die reduzierte Gestalt des Entbergens einzulassen. Hier bekräftigt Heidegger seine Einsicht, dass die instrumentelle Haltung die Möglichkeit einer anderen, weiterreichenden oder wesentlichen Haltung nicht nur erschwert, sondern zusätzlich noch verdeckt.

Eine Änderung unseres praktischen Verhaltens im üblichen Sinn reicht nicht zur Abwehr der Gefahren, die die Technik heraufbeschwört, aus. Notwendig ist die Einsicht, dass mit der Gefahr auch die Möglichkeit der Rettung gegeben ist. Heidegger zitiert in diesem Zusammenhang den Vers aus Hölderlins Hymne *Patmos*:

> Wo aber Gefahr ist, wächst das Rettende auch.

Heidegger versteht das nicht so, als ob die Gefahr und das Rettende voneinander zu unterscheiden wären. Ganz im Gegenteil, die Gefahr ist das Rettende. Auch hier begegnen wir der Einsicht Heideggers, dass der eine Pol eines Gegensatzes, den anderen einschließt und zwar so, dass die gegensätzlichen Pole sich in einem dynamischen, ständigen Wechsel bewegen. Wenn der eine wächst, wächst demnach der andere auch, ohne dass dieses Wachsen je zum Stillstand, dass es zu einer Synthesis der Gegensätze, käme.

Entscheidend ist nun, dass Heidegger – anders als Anfang der 1930er Jahre – nun explizit verneint, dass ein »Eingreifen« der Schlüssel zur »Lösung« dieser Konstellation sein könnte. Der Grund liegt darin, dass die Gefahr eben das Sein selbst ist. Der Mensch aber ist nicht der Herr des Seins. Das Rettende ist die Möglichkeit einer Kehre, wie Heidegger sagt. Diese Möglichkeit ist allerdings verborgen im Wesen der Gefahr – in der Seinsvergessenheit.[233] Nicht Eingreifen, sondern das Sein nicht zu vergessen ist das, was wir gegenwärtig halten sollten. Hoffen können wir, so widersprüchlich es klingt, auf die Gefahr, die zugleich die Rettung ist. Hoffen erlaubt Fragen, und Fragen ist die Frömmigkeit des Denkens.

Emil Angehrn hat im Schlussabsatz seines Beitrags im *Heidegger Handbuch* schon auf Vorgänger der Kritik Heideggers im Sinne einer alles umfassenden fundamentalistischen Kritik hingewiesen.[234] Sie betrifft im wesentlichen die Feststellung, dass das Zweck-Mittel-Denken, das in der Moderne dominant geworden ist, zur Herrschaft der Sachzwänge geführt hat. Die Instrumente, die technisch, organisatorisch und wirtschaftlich entwickelt werden, zwingen nahezu dazu, angewendet zu werden, ohne dass man sich über die Effekte, die sie bewirken, im Klaren ist. Die totale Zerstörung von Natur und Kultur und die Auslöschung der Menschheit werden billigend in Kauf genommen. Es wäre allerdings falsch, Heidegger zu den Propheten einer selbstverschuldeten Apokalypse zu zählen.[235] Dafür ist seine Idee der Rettung zu präsent. Nicht zu übersehen ist allerdings seine Neigung, die Kritik an der Dominanz des Nützlichkeitsdenkens und an der Selbstverblendung gegen Kritik zu immunisieren.

Über die Sprache oder *aus* der Sprache?

Dass »Sprache« für Philosophen schon immer ein Hauptthema war und immer noch ist, kann nicht verwundern, denn wer nach der Wahrheit fragt, muss sich nicht nur sprachlich artikulieren, sondern sich auch explizit mit dem Zusammenhang von Sprache und Denken, von Urteil und materieller Wirklichkeit beschäftigen.

In der Tradition war deswegen das Interesse an Sprache groß, und Denker von Heraklit über Aristoteles bis Augustinus (die alle einen nicht geringen Einfluss auf Heidegger hatten) von Humboldt bis Habermas haben Sprache ins Zentrum ihrer Überlegungen gestellt. Heute wird – so Heidegger – Sprachfähigkeit durchgängig als menschliches Vermögen und Sprache als Werkzeug aufgefasst. Wir nützen Sprache zum Übermitteln von Informationen, zur Erklärung kausaler Abläufe und zur Legitimierung von moralischen und politischen Entscheidungen.

Was Heideggers Sicht auf die Linguistik anlangt ist allerdings kritisch anzumerken, dass er nur ein schmales Spektrum vor Augen hatte, für das stellvertretend das Organonmodell von Bühler, das dieser 1934 in seiner *Sprachtheorie* entwickelt hat, stehen kann.[236]

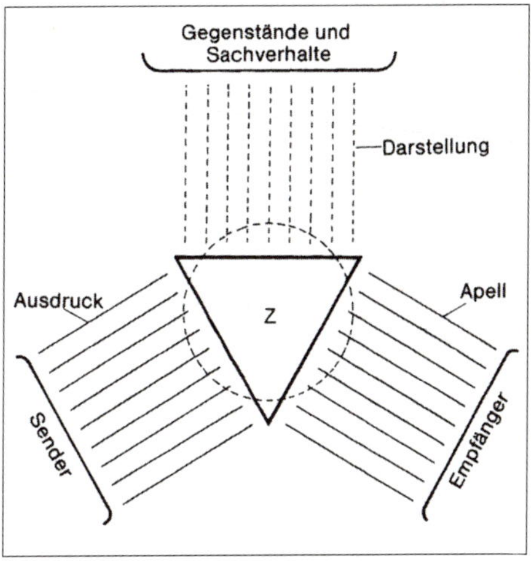

Bühlers Organonmodell

Nach Bühler bedeutet Sprechen, dass die Gesprächspartner, jeweils »Sender« und »Empfänger«, miteinander über etwas Informationen austauschen. Der »Sender« appelliert mittels Ausdruck und der Darstellung eines Gegenstandes an das Verständnis des »Empfängers«, der nun seinerseits den Gang des Gesprächs vorantreiben kann. Heidegger sieht drei Bestimmungen in dem von ihm kritisierten Denken über Sprache als bestimmend an.

1. Sprechen ist Ausdrücken. Hier wird davon ausgegangen, dass es ein Inneres gibt, das ausgedrückt werden kann. Nach Heidegger wird die Sprache dann als etwas Äußerliches vorgestellt. Das verhindert, dass wir wirklich verstehen, worum es geht.
2. Mit diesem Ansatz ist eine weitere gängige, aber falsche Vorstellung verknüpft, nämlich die, dass der Mensch spricht. Nach Heidegger ist es aber so, dass nicht der Mensch, sondern die Sprache spricht.
3. Die Rede vom Vorstellen in den ersten zwei Punkten deutet an, dass das, worum es wesentlich geht, nicht verstanden werden kann, denn das Vorstellen stellt, wie das Darstellen, buchstäblich, fest. Das Festgestellte ist aber immer die Reduktion des Wesentlichen – des Wesens (als Verb gedacht) und verfehlt somit die Wahrheit, die ein Zugleich von einander entgegengesetzten, bewegenden Impulsen (Verbergen/Entbergen) ist.

An diese Kritik der sprachwissenschaftlichen und philosophischen Mainstream-Auffassungen schließt Heidegger skeptische Betrachtungen in Bezug auf theologische, biologische, anthropologische, soziologische und psychopathologische Bestimmungen der Sprache an. Er geht der Frage nach, welche Gründe für diese Optionen geltend gemacht werden können und welche Konsequenzen damit verknüpft sind. Er sieht in dem, was er als Zerfall der Sprache zum Kommunikations-, Erklärungs- und Legitimationsinstrument sieht, Indizien und Gründe für eine in jeder Hinsicht als katastrophal zu bezeichnende Entwicklung.

Heidegger geht davon aus, dass Sprache ursprünglich (wesentlich) eine ganz andere Bedeutung für das menschliche Selbstverständnis hat als die heute geltende. Der Kern dieser Auffassung besagt, dass Sprache als Medium für eine (Selbst-)Reflexivität verstanden wird, die jenseits aller praktischen Interessen, die wir mit der Benutzung von »Sprache« verfolgen, zu verorten ist. Heidegger hat in diesem Kontext einmal bemerkt, dass für Sprache und Denken gelte, dass sie nichts Praktisches seien. Sie seien allerdings auch nichts Theoretisches. Denken und Sprache sind nach dieser Auffassung das »Andere« zum praktischen Diskurs, jenseits aller diskursiven Unterscheidungen, etwa von Nutzen und Nutzlosigkeit, Aktivität und Passivität, Subjekt und Objekt. Die Beziehung des Menschen zur Welt und sein Selbstverständnis sind in einem spezifischen Sinn als sprachlich zu fassen, auch dann, wenn gar nichts verlautbart wird.

Solange wir aber gängige Vorstellungen hegen, entziehen wir uns selber die Möglichkeit, einzusehen, dass wir eine falsche Auffassung von Sprache haben. Die falsche Art der Thematisierung, die von Herrschafts- und Nützlichkeitserwägungen angeleitet wird, geht mit der falschen Einschätzung des Selbst einher. Die Auffassung, dass Sprache ein Instrument sei, steht im Einklang mit der Gegenüberstellung von Subjekt und Objekt, die ihrerseits mit der Zentralstellung des Subjekts korrespondiert. Die größte Gefahr, die uns droht, wenn wir uns vergegenwärtigen, was »Sprache« ist, liegt nach Heidegger darin, dass wir »*über* die Sprache sprechen« statt daran zu denken, dass wir schon immer »*aus* der Sprache« und in ihr sprechen.[237] Mehr noch gilt, dass die Sprache durch uns (hindurch) spricht.

Denken und Dichten bestimmen nach Heidegger das Wesen des Menschen. Sie sind, obwohl beide dem »Logos« zugehören, nicht identisch. »Eine zarte, aber helle Differenz« hält sie auseinander.[238] Heidegger hat diese Differenz 1949 im Nachwort zu *Was ist Metaphysik?* benannt:

> »Der Denker sagt das Sein. Der Dichter nennt das Heilige.«[239]

Denken als »Sagen des Seins« ist also nicht bedeutungsgleich mit jenem Denken, das wir üblicherweise als rationales Analysieren und Argumentieren verstehen. Jenes ist »weder theoretisch noch praktisch. Es ereignet sich vor dieser Unterscheidung. ... Es hat keine Wirkung. Es genügt seinem Wesen, indem es ist.«[240]

Aber auch das Sprechen ist nicht das, was wir alltäglich so nennen. Schon in *Sein und Zeit* wurde vom Gewissen gesagt, dass es »*im Modus des Schweigens*« rede.[241] Und es heißt: »Eine andere wesenhafte Möglichkeit des Redens ist das *Schweigen*.«[242] Die Idee des Schweigens als ausgezeichnete Weise des Redens und Sagens begleitet Heidegger zeitlebens. Eine Bestätigung für die Wahrheit dieser Idee findet er auch in Hölderlins Schlussversen aus einem Fragment *zur Friedensfeier*, das überschrieben ist *Versöhnender, der du nimmergeglaubt*:

> Seit ein Gespräch wir sind
> Und hören können voneinander.[243]

Bei der Interpretation dieser Verse, aus denen Heidegger herausliest, dass es sich um ein Gespräch zwischen Göttern und Menschen handelt, sagt er: »Dass wir ein Gespräch sind, heißt zugleich und gleichursprünglich: Wir sind ein *Schweigen.*«[244] Es heißt nicht einfach: »Wir schweigen«, sondern »Wir *sind* ein Schweigen.« An anderen Stellen bezeichnet Heidegger Sprechen auch als »Hören«, »Nennen« und »Rufen«. Wir sehen daran, dass er die gängigen Auffassungen von Sprechen und Schweigen de(kon)struieren will. Heideggers Angriff richtet sich also gegen jedes Verständnis von Sprache, das diese als Mittel des Informationsaustausches betrachtet. Wer Sprache als Mittel zum Zweck versteht, missversteht nicht nur, was Sprache wesentlich ist, sondern verstellt sich damit auch den Weg zu einem wahrhaften Verständnis von Sprache. Das äußert sich nicht zuletzt in der Vorstellung, dass es der Mensch ist, der spricht. Hier manifestieren sich nach Heidegger zwei Missverständnisse. Das erste ist uns schon bekannt: Der Mensch wird als Ausgangspunkt eines Geschehens vor- und festgestellt. Er ist aber eher der Effekt dieses Geschehens als dessen Urheber. Das zweite beinhaltet die Meinung, dass das Gesprochene als etwas Abgeschlossenes verstanden werden könne. Heidegger versucht seinerseits zu zeigen, dass »im Gesprochenen das Sprechen nicht aufhört«. Dieses Verständnis findet seine angemessene Form weder in einer Definition noch in einer logischen Deduktion, sondern nur in einem Satz, der eine Tautologie zu sein scheint: »Die Sprache spricht.«[245] Die Sprache spricht freilich nicht immer. Sie tut das bevorzugt im Gedicht.

Heidegger erläutert das am Beispiel eines Gedichts von Georg Trakl mit dem Titel *Ein Winterabend.* Heidegger will zeigen, dass die Sprache im Gedicht nicht Ausdruck der subjektiven Befindlichkeit des Dichters ist. Aus Heideggers Sicht spielt die Person des Dichters so wenig eine Rolle wie die des Denkers. Die Sprache spricht. Dieses Sprechen ist kein Ausdruck (von etwas Vor- und Festgestelltem), sondern ein Nennen. Wenn wir versuchen, dieses Nennen in seiner wahren Bedeutung zu verstehen ist es hilfreich an das Nennen und Benennen im theologisch-mythischen Sinn zu denken. Wenn ein Neugeborenes oder ein heranwachsendes Kind, das in die Gemeinschaft der Erwachsenen aufgenommen werden sollte, einen (neuen) Namen erhält, dann wird ihm in der gesellschaftlichen ggfs. mythischen Ordnung der Welt ein Platz zugewiesen. Nennen und Benennen verleihen dem Benannten Präsenz in der wirklichen und symbolischen Ordnung. Deswegen darf man auch den Teufel nicht mit seinem eigenen Namen nennen. Man würde ihn buchstäblich herbeirufen. Es überrascht denn auch nicht, dass Heidegger das Nennen als Rufen bezeichnet. Aber anders als im geläufigen Sinn sind Nennen und Rufen für Heidegger keine gelegentlich ausgeübten Aktivitäten. Wir nennen, rufen und sprechen immer. Sie sind also auf Dauer gestellt. Aber Heidegger geht noch einen Schritt weiter und behauptet, dass das Rufen in sich ruft. Das kann zweierlei heißen: Das Rufen ruft das, was außerhalb seiner ist, in sich hinein. Das würde bedeuten, dass schließlich alles in das Rufen hinein gerät. Und es kann heißen, dass das Rufen in sich ruft – es ist selbstrekursiv und, so müssen wir sagen, revolutionär im Wortsinn.

Das Nennen ruft und zwar in sich, das heißt, ins Wort und ist das »hin und her«, der Wechsel von Ab- und Anwesenheit. Die gegenläufigen Impulse und die Kreisbewegung bilden eine Einheit. Diese umfasst außerdem das Spannungsverhältnis von Außen und Innen. Wie lässt sich dieses genauer verstehen?

Heidegger beabsichtigt, die gegensätzlichen Pole in seiner Seinslehre, die er hier als Kosmologie denkt, so zusammen zu führen, dass er das, was die Pole auseinander hält zugleich als das Verbindende denkt. Wir erinnern uns an dieser Stelle an Heideggers frühe Überlegungen zur ontologischen Differenz, die hier tatsächlich wieder relevant werden. Das Gedicht Trakls bietet Heidegger die Möglichkeit, Göttliche und Sterbliche, Himmel und Erde in ihren jeweiligen Unterschieden zusammen zu denken. Sie bilden das »Geviert«. Es überrascht nun zunächst, zu hören, dass es die Dinge sind, die dieses Geviert »be-dingen«.[246] Die Dinge, die Heidegger hier anspricht, sind aber nicht identisch mit den Dingen aus unserem Alltag. Hier sind es Objekte, mit denen wir hantieren, in Heideggers Kosmologie werden sie ähnlich verbal gedacht wie das Wesen. Sie lassen Göttliche und Sterbliche, Himmel und Erde bei sich verweilen. Sie machen also die Selbstrekursivität dieser vier, je für sich und in ihren Beziehungen möglich. Das heißt, dass sie das In-einanderspielen von Ab- und Anwesenheit ermöglichen. Auch hier treffen wir auf Heideggers Versuch, die geläufigen Bedeutungen der Worte aus der Alltagssprache zu de(kon)struieren. Aus der erstarrten Bedeutung in einem Kontext der Instrumentalisierung befreit vermögen die Worte nunmehr eine auf Dauer gestellte, revolutionäre Bedeutung zu verwirklichen. Die Dinge, im Heideggerschen Sinn, sind Worte. Sie entlassen als ursprüngliche Einheit des Gegensätzlichen, Göttliche und Sterbliche, Welt und Dinge aus sich. Wenn wir »Sprache« so denken, ist es klar, dass nicht wir sprechen, sondern dass die Sprache spricht. Überspitzt können wir sagen, dass nicht wir die Sprache sprechen, sondern dass die Sprache uns spricht. Logische Zwänge und Eindeutigkeit der Umgangssprache müssen wir als Anforderung hinter uns lassen weil diese verhindern, dass wir die wesenhafte Bedeutung der Sprache erfahren.

Gelassenheit

Nach Heidegger ist uns die Gelassenheit, das heißt, die Möglichkeit, das Sein, Sein-zu-lassen, abhanden gekommen. »Sein-lassen« bedeutet hier nicht nur, auf etwas was wir tun könnten zu verzichten, sondern eine Position jenseits von der Wahlmöglichkeit zu beziehen. Das Sein, Sein-zu-lassen heißt (im doppelten Wortsinn) Denken. Auch Denken ist ein Tun und insofern ein Handeln, aber:

> »Das Denken handelt, indem es denkt.«[247]

Die tautologische Formulierung bezeichnet einmal mehr Heideggers Absicht, ein Denken ins Spiel zu bringen, dass gegen gängige Verbote der Logik und Forderungen der diskursiven Sprache verstößt.

Es handelt sich dabei um nichts weniger als ein revolutionäres Programm und den Versuch dieses in einer neuen Sprache zu dokumentieren. Dafür sprechen nicht nur die schöpferischen Neubestimmungen alter Begriffe (»Die Nähe und die Sage wären dann das Selbe« (202), sondern vor allem die Neologismen die Heidegger ins Spiel bringt: Bewëgung, be-wëgt, Nahnis, Bedingnis.[248]

Gelassenheit heißt denn jetzt auch nicht entspannt zurücklehnen, sondern höchste Konzentration und Handeln im erläuterten Sinn.– Wenn Heidegger in *Das Wesen der Sprache* davon spricht, dass diese Vorträge, »uns vor die Möglichkeit bringen möchten, mit der Sprache eine Erfahrung zu machen«, dann präzisiert er sofort, was das heißt, nämlich, »daß es [das, womit wir die Erfahrung machen] uns widerfährt, daß es uns trifft, über uns kommt, uns umwirft und verwandelt«. Und er fügt hinzu, dass das »machen« keineswegs heißt, dass wir etwas bewirken, sondern das Gegenteil meint: »durchmachen, erleiden, das uns Treffende empfangen, indem wir uns ihm fügen«. »Handeln« heißt dann eben nicht Bewirken, sondern »Vollbringen«, d.h. »in die Fülle seines Wesens bringen« und das ist Sache des Denkens.[249] Das Denken ist seinerseits »Denken des Seins« im zwiefachen Sinn; es denkt das Sein und gehört damit dem Sein und es hört auf das Sein.[250] Indem nun aber das Denken immer mehr instrumentalisiert wurde, d.h. auf das Seiende »angewandt« wurde, geschah zweierlei. Das Denken wurde zu einem Denken des Seienden statt zu sein, was es sein sollte: Denken des Seins des Seienden und diese Wandlung entzog sich dem menschlichen Bewusstsein, fasziniert wie dieses war von seinen Erfolgen im praktischen Bereich. Damit zerfiel auch die Sprache die ihrerseits ursprünglich, d. h. von der Fülle des Seins her, Sprache des Seins war. Das Sein, Sein-zu-lassen heißt also nach Heidegger, das Sein zur Sprache kommen zu lassen. Diese Möglichkeit haben wir, indem wir unsere pragmatische Einstellung dominant haben werden lassen, vertan. Jetzt kommt es also darauf an, den Sprung in die andere Möglichkeit, in die Kehre, zu wagen.

»Die Sprache spricht als das Geläut der Stille.«

Als Sprache des Seins ist Sprache, so wie auch das Denken des Seins, das radikal und ursprünglich »Andere« zur herkömmlichen Metaphysik und Philosophie. Nur vor diesem Hintergrund ist die richtige Bedeutung der Heideggerschen Rede von der »anfänglichen Zugehörigkeit des Wortes zum Sein«, und der poetisch sich anhörenden Bestimmung von der Sprache als dem »Haus des Seins« richtig einzuschätzen.[251]

Es heißt nun, dass die Dinge »Welt gebärden« und dass »die Welt die Dinge gönnt«. Welt und Dinge, Göttliche und Sterbliche sind demnach immer noch Gegensätze, aber vermittelte. Auch diese Vermittlung hat eine ganz andere Bedeutung als die, von der in der alltäglichen Sprache, die nach Heideggers Auffassung ja nur dem Austausch von Informationen dienen kann, die Rede ist.

Göttliche und Sterbliche, Himmel und Erde »durchgehen einander«, »durchmessen« nach Heidegger eine Mitte. »In dieser Mitte«, oder, wie Heidegger sagt, »in diesem Zwischen« sind sie einig.[252] Es wäre nun eben falsch, diese »Mitte« und das »Zwischen« statisch zu verstehen. »Mitte« und »Zwischen« müssen außerdem nicht von den Gegensätzen her begriffen werden – es ist vielmehr so, dass »Mitte« und »Zwischen« die Gegensätze aus sich heraus entlassen. Sie sind sozusagen tätig. Göttliche und Sterbliche, Himmel und Erde sind Extreme dieser dynamischen Vermittlung. »In der Mitte der Zwei, im Zwischen von Welt und Ding, in ihrem inter, in diesem Unter- waltet der Schied. Die Innigkeit von Welt und Ding west im Schied des Zwischen, west im Unter-schied.«[253]Der Unter-Schied ist: »weder Distinktion noch Relation, sondern, ... hält von sich her die Mitte auseinander, auf die zu und durch die hindurch Welt und Dinge zueinander einig sind«.[254]

Wir haben es hier mit nichts anderem zu tun als mit der neu gedachten ontologischen Differenz. Diese konstituierte den Unterschied von Sein und Seiendem. Die Philosophie des Unter-Schieds umfasst nun, wie wir gerade gesehen haben sehr viel mehr Erfahrungs- und Denkdimensionen. Vor allem aber kann Heidegger nun Sprache als das denken, was diese Dimensionen trennt und zusammenhält. Die Sprache west als der sich ereignende Unter-Schied für Welt und Dinge.[255]

Wir erinnern uns: » *Die Sprache spricht*«.[256] Die Selbstbezüglichkeit, die sich auch in der Bestimmung: »Sprache ist Sprache«[257] und in: »Das Wesen der Sprache - : die Sprache des Wesens«[258] manifestiert, zeigt die konstitutive Bedeutung (wenn hier in solchen Begriffen noch zu sprechen erlaubt sein sollte), von Sprache auf. Wir befinden uns aber jenseits aller Begründungsansprüche. Das gibt Heidegger mit der tautologischen Formel zu verstehen,

»Die Sprache spricht« heißt nun, dass sie Dinge und Welt in das Zwischen des Unter-Schieds kommen heißt. Ein solches Heißen ist auch ein Rufen. Der Kreis schließt sich, wenn Heidegger sagt, dass auch der Unter-Schied ruft. Heißen, Rufen und Sprechen können dem Unter-Schied zugesprochen werden, seinerseits aber ruft der Unter-Schied auch das Heißen und die Sprache in sich.

Der Unter-Schied, der Welt und Dinge auseinander hält indem er sie zueinander versammelt, stiftet nicht nur Offenheit und Bewegung, sondern auch Ruhe. Bewegung stiftet der Unterschied weil er ruft.[259] »Das Rufen ruft in sich und darum stets hin und her; her: ins An-wesen; hin: ins Abwesen«,[260] aber er stiftet auch Ruhe. »In die Ruhe bergen«, so Heidegger, ist »das Stillen«. Heidegger nutzt die Äquivokation von »Stillen«, einen Säugling stillen, und Stille (Ruhe) um das Verhältnis von Handeln/Ruhe und Laut/Stille miteinander zu verschränken und so eine Dimension jenseits diskursiv benennbarer Gegensätze zu eröffnen. Jenes Rufen, das vorhin als »Heißen« apostrophiert wurde, kann nun als Stillen bestimmt werden - das Geheiß als »Geläut der Stille«. Jetzt schließt sich der Kreis: »*Die Sprache spricht als das Geläut der Stille* .«[261]

Wenn es heißt, dass die Sprache »west als der sich ereignende Unter-Schied für Welt und Dinge«, dann wird noch mal klar, dass in diesem Sinne nicht der Mensch spricht, sondern die Sprache. Der Mensch kann diesem Sprechen allenfalls entsprechen. Wenn er allerdings dieser Sprache entspricht, dann spricht er freilich immer, ob er nun wacht oder schläft, träumt oder arbeitet, zuhört oder liest.[262] Dieses Sprechen ist ein *Hören* – ein Hören auf die Stille, oder, wie Heidegger sagt: auf das Geläut der Stille. Dieses gibt es nur, wenn es auch Hörende gibt. Die Stille braucht also Hörende. Das Paradoxon löst sich auf – und erhält sich – also, wenn wir die gängigen Bedeutungen der Alltagssprache loslassen und uns auf eine Sprache einlassen, die vor Widersprüchen und Ungereimtheiten keinen Halt macht. Nicht aus Gotspe sollten wir das machen, sondern um den Bann der Instrumentalisierung des Denkens und Sprechens zu durchbrechen.

Das gelingt nur, wenn wir, wie Heidegger sagt, eine Erfahrung mit der Sprache machen, dann bringt sich die Sprache selbst zur Sprache. Sie sagt uns dann zweierlei. Das erste hat Heidegger schon im Nachwort zu *Was ist Metaphysik?* formuliert: »Der Denker sagt das Sein. Der Dichter nennt das Heilige.«[263] Das zweite lautet: »Es, das Wort, gibt ...«,[264] Damit schlägt Heidegger ein Brücke zu seinem Konzept der ontologischen Differenz, bzw. zum Unter-Schied. Denken und Dichten zeichnen sich aus durch eine Nähe zu einander, zur Sprache und zum Wort, als das, was sie aus sich entlässt.

Dichter und Denker spielen für Heidegger eine wichtige Rolle bei der Entwicklung einer »anderen« Sprache. In seiner ersten Hölderlinvorlesung (Wintersemester1934/35) interpretiert Heidegger, u.a. die ersten drei Versen aus Hölderlins *Mnemosyne*:

> Ein Zeichen sind wir, deutungslos
> Schmerzlos sind wir und haben fast
> Die Sprache in der Fremde verloren.

Das Dasein, so sagt Heidegger: »ist fremd geworden seinem geschichtlichen Wesen, der Sendung und dem Auftrag.« Das Dasein ist deutungslos und sprachlos. »An diesem Ort der metaphysischen Not«, so Heidegger weiter, »steht der Dichter«. Das bezeugt Hölderlin, wenn er sagt:

> ... dichterisch wohnet
> Der Mensch auf dieser Erde.
> (*In lieblicher Bläue ...*)

Heidegger kommentiert: »Das geschichtliche Dasein des Menschen ist von Grund aus getragen und geführt vom Seyn, das der Dichter im voraus erfahren, erstmals ins Wort gehüllt ... hat.«[265] Aber Dichter und Denker »brauchen einander, wo es ins Äußerste geht, je auf ihre Weise in ihrer Nachbarschaft«.[266]

Weder das Dichten allein, noch das Denken, sondern nur das »und« das ihre Nachbarschaft artikuliert, und das diese zugleich als ihr »Auseinander«, wie als ihre Zusammengehörigkeit »meint«, verbürgt jene »Nähe«, die, wie der vorhin angesprochene Unterschied, Dichten und Denken in ihr Wesen (Verbum), d.h. in ihr Sagen, bringt.

8

Heidegger heute

Haben wir nach der Rekonstruktion der wichtigsten systematischen Entscheidungen im Werk Heideggers eine klare Antwort auf die Frage »Warum Heidegger?« Die stetig wachsende Zahl der Interpretationen und die Vielzahl der kontroversen Ansätze legen ein »Nein« nah. Man muss die fehlende Klarheit allerdings nicht nur negativ bewerten, weder in Bezug auf Heidegger noch auf die Sekundärliteratur.

Die teilweise erbitterten Auseinandersetzungen um den »wahren« Heidegger können wir nicht nur als Folge der geistigen Beschränkung hoffnungslos verbohrter Anhänger und Gegner sehen, sondern auch als Herausforderung, die eigenen philosophischen Voraussetzungen zu klären.

Das gilt schon, wenn auch möglicherweise in geringerem Maße, für jene Kommentare, die sich dem Thema »Heidegger und ...« (Heraklit, Parmenides, Platon, Aristoteles usw.) widmen. Die Analysen der Verstöße Heideggers gegen die klassische griechische Philologie sind überzeugend (Marten 1991). Umstritten sind ebenfalls Heideggers Interpretationen der Klassiker der neueren Philosophiegeschichte, beginnend mit Descartes. Es geht hier zum einen generell um Probleme der Geschichte der Philosophie, zum zweiten aber vorwiegend um systematische Fragen – um Fragen, die unser heutiges Selbstverständnis betreffen. Was heißt (wissenschaftliche) Rationalität? Was ist ein Subjekt? Wie soll man moralische Fragen formulieren und entscheiden? Wie verhalten sich Philosophie, Kunst, Sprache, Technik und Politik zu einander? Was ist Wahrheit?

Was diese philologischen und philosophiegeschichtlichen Fragen betrifft, ist die Beschäftigung mit den entsprechenden Texten Heideggers »business as usual«. Hier ist zu erwarten, dass der akademische Betrieb auch künftig ungebremst, allerdings gewissermaßen außerhalb des öffentlichen Interesses die Reflexion darüber fortspinnen wird.

Anders verhält es sich mit den systematischen Optionen. Einen zuverlässigen und einigermaßen umfassenden Überblick verschafft der zweite Teil des Heidegger-Handbuchs von Thomä (2003). Viele Beiträge darin thematisieren Fragen der Beziehungen zwischen dem Denken Heideggers und der Hermeneutik, der Kritischen Theorie, der philosophischen Anthropologie, dem Pragmatismus, der analytischen Philosophie, dem Strukturalismus, der Theologie, den Sozialwissenschaften, der Psychologie und der Psychoanalyse, der Literaturwissenschaft, der Medientheorie und der Technikgeschichte. Die schiere Vielzahl der Themen lässt eine Erörterung der vertretenen Perspektiven an dieser Stelle nicht zu. Sie zeigt aber, wie umfassend die Auseinandersetzung mit dem Denken Heideggers im Sinne einer Aktualisierung und Weiterentwicklung angelegt ist.

Die disziplinär spezialistische und interdisziplinäre Rezeption zeigt schon für sich, welches Potential im Werk angelegt ist. Besonders hervorzuheben ist allerdings der Einfluss, der Heideggers Denken auf die französische Philosophie gehabt hat. Die lauteren Motive der »ersten Generation« (wie Jean Beaufret als Adressaten des Briefes »Über den Humanismus«) wurden oft angezweifelt. Aber Fragen nach ihrer Integrität und politischen Korrektheit mussten sich auch Foucault, Lyotard und vor allem Derrida gefallen lassen. Manfred Frank stellte die gesamte französische Philosophie unter den Generalverdacht des »Sozialdarwinismus« (Frank 1983). Die Rezeption in den USA fand, wie Habermas befriedigt feststellte, nicht in der Philosophie, sondern in den literaturwissenschaftlichen Departments statt.

Neben diesen philosophischen Debatten entwickelt sich die Frage nach der Einbettung des Werkes Heideggers in die deutsche Geistesgeschichte zwischen 1927 und 1945. Einen erhellenden Blick auf die Schnittstelle der Heideggerschen Philosophie mit der Kulturgeschichte dieser Periode bietet Morats Buch »Von der Gelassenheit zur Tat« (2007).

Es gibt fast keine Debatte, auf welchem Einzelgebiet auch immer, die nicht von der Frage beeinflusst ist, ob Heideggers Denken nicht im Kern mit der nationalsozialistischen Ideologie übereinstimme. Die hellsichtige und immer noch sehr lesenswerte Studie Schwans (1965) und die Forschungsergebnisse Otts (1988) haben hier Maßstäbe gesetzt. Das Thema eignet sich aber zu sehr für die Projektion von Emotionen und Versuche politischer Einflussnahme oder auch dafür, den Nachweis der eigenen Integrität und Humanität zu erbringen, als dass Forschungsergebnisse helfen könnten, einen Konsens herzustellen. Vorläufig markieren zwei französische und ein deutsches Buch den Höhepunkt der Auseinandersetzung, die 1987 mit dem Buch von Farías ein Zwischenhoch erlebte. Faye (2005) versucht nachzuweisen, dass Heidegger schon seit 1920 für den Nationalsozialismus und Rassismus optierte und bis zum Ende dabei blieb. Faye fordert denn auch nichts weniger als die Entfernung von Heideggers Werken aus den philosophischen Bibliotheken und das Verbot von Lehrveranstaltungen zu Heideggers Werk. Es handle sich dabei ja nicht um Philosophie, sondern um nationalsozialistische Propaganda. Der Sammelband »Heidegger à plus forte raison« bietet eine Vielzahl Autoren auf, die nicht nur Fayes Irrtümer (oder was sie dafür halten) aufdecken und dessen Thesen mitunter nicht weniger obsessiv bekämpfen als sie vorgetragen wurden. Der Band von Taureck (2008) ist ein Versuch, sowohl Gegner Heideggers (abermals Faye) als auch ausgewogenen Kritikern das Wort zu geben. Es ist damit zu rechnen, dass in Zukunft immer wieder neue Anschuldigungen gegen Heidegger erhoben werden. Die Tatsache, dass es keine kritische Ausgabe seiner Werke gibt und dass der Zugang zu den Archiven eingeschränkt ist, wird die Phantasien über das, was in den unzugänglichen Texten steht, weiterhin anheizen.

Ich will mich nicht an diesbezüglichen Spekulationen beteiligen und ziehe es vor, hier zum Schluss noch etwas zu sagen über die Bedeutung, die Heideggers Denken in der nächsten Zukunft haben könnte: Wenn wir Heideggers Denken in seinem Selbstverständnis charakterisieren wollen, können wir es als Kampf gegen die Erstarrung beschreiben, die das Denken seit Platon, die Kultur im allgemeinen und die gesellschaftlichen und politischen Verhältnisse in der neueren Geschichte befallen hat. Diese Erstarrung kommt nicht von außen, sondern ist selbstverschuldet. Das Denken erliegt der Verführung, angewendet zu werden und Ergebnisse zustande zu bringen. Mit der Entwicklung der dafür benötigten Begriffe schafft das Denken eine nicht mehr zu überbrückende Differenz zwischen dem Denken und seinem »Objekt«. Dabei konstituiert sich auch das »Subjekt«, das sich nun zum Zentrum des Denkens macht und sich als autonom versteht. Das Verhängnisvolle an dieser Zentrierung des Logos und des Subjekts ist, dass sie sich hinterrücks vollzieht. Wir betreiben sie, aber wir können nicht sehen, was wir tun. In Heideggers Worten: Wir vergessen das Sein – und vergessen auch noch dieses Vergessen. Heidegger hat den Anspruch, diese Verblendung aufzudecken. Die vollständige, Jahrhunderte andauernde hermetische Verblendung kann nicht durch eine Reform durchbrochen werden. Eine Revolution muss her. Heidegger ist allerdings davon überzeugt, dass diese Revolution kein einmaliges Ereignis sein kann, sie muss auf Dauer gestellt werden. Der Ansatzpunkt für diese permanente (Selbst-)Revolution ist die Selbstreflexivität von Denken und Sein. Das Denken ist das Denken des Seins – Genitivus objectivus und subjectivus in einem.

Es ist unumgänglich, einzusehen, dass dieses Denken, das Instrumentalisierung kritisiert, nicht selber instrumentalisiert werden kann. Es wendet sich, wie das Denken Adornos und Benjamins, kritisch gegen jede Art von Anwendung und Machtausübung, ohne Handlungsanweisungen oder Legitimationen für das Handeln liefern zu können. Widersprüche im klassischen Sinn (»Das Sein ist das Nichts«) sind bei der Entwicklung einer neuen Sprache, mit der die Verblendung durchbrochen werden kann, unumgänglich.

Die selbstreflexive Kritik des Denkens zielt auf ein Gleichgewicht zwischen dem, was wir klassisch als Subjekt und Objekt bezeichnen. Heidegger nennt das »Gelassenheit«. Aber diese Gelassenheit bedeutet kein entspanntes Zurücklehnen – sie ist die höchste Form des Denkens/Seins. Die Entschiedenheit, mit der Philosophen wie Foucault, Lyotard und Derrida die Instrumentalisierung des Denkens und die Zentrierung des Subjekts kritisiert haben, hat noch nicht das ganze Potential des Heideggerschen Denkens ausgeschöpft. Inwiefern sich Heideggers Neigung zu Doppeldeutigkeiten und die dichterische Sprache der späten Aufsätze hier fördernd oder hemmend auf die weitere Rezeption auswirken werden, bleibt abzuwarten.

Anhang

Kurzbiographie

1889	Am 26. September wird Martin Heidegger in Meßkirch geboren
1903-1906	Gymnasium in Konstanz
1906-1909	Gymnasium und Konvikt in Freiburg i. Br.
1909	Anfang des Studiums der Theologie in Freiburg i. Br.
1911	Studium der Philosophie und Geistes- und Naturwissenschaften 1912 in Freiburg i. Br.
1913	Promotion mit *Die Lehre vom Urteil im Psychologismus*
1915	Habilitation mit *Die Kategorien – und Bedeutungslehre des Duns Scotus*
1917	Eheschließung mit Elfriede Petri
1919	Privatassistent Husserls. Geburt des Sohnes Jörg
1920	Geburt des Sohnes Hermann
1923	Berufung nach Marburg
1927	*Sein und Zeit* (erste Hälfte) erscheint
1928	Ruf nach Freiburg i. Br. als Nachfolger Husserls
1933	Wahl zum Rektor des Albert-Ludwigs-Universität zu Freiburg i. Br. Eintritt in die NSDAP
1934	Rücktritt vom Rektoramt
1936-1938	Arbeit am »zweiten Hauptwerk«, den *Beiträgen zur Philosophie. Vom Ereignis)*
1945	Lehrverbot
1949	Aufhebung des Lehrverbots
1951	Emeritierung
1976	Heidegger stirbt am 26. Mai und wird in Meßkirch nach katholischem Ritus beerdigt.

Anmerkungen

1 Frank 1983
2 Faye 2005
3 Marcuse 1928/1973, 67
4 Van Reijen 1998, Kap. 4
5 Morat 2007
6 van Reijen 1998. Mörchen 1981
7 Zitiert nach Morat 2007, 43
8 »Mein Weg in die Phänomenologie« (1969, 81). Auch in GA 14. Siehe auch: Kisiel (1993) und Rentsch (2003).
9 1963/1969, 81.
10 1963/1969
11 In: GA 62, 345 - 375
12 1927, 38
13 GA 62, 363
14 Vgl. 1959b, 96-97.
15 Marten 1987
16 GA 20
17 GA 62, 364
18 GA 63
19 GA 24
20 GA 61
21 Kommerell 1967, 405
22 1927, 38
23 GA 24, 411
24 1927, 151
25 1927, 38
26 GA 29/30, § 39 ff.
27 1927, 15
28 1927, 84
29 1927, 121
30 1927, 132
31 1927, 104
32 1781/1787, A 34 / B 50
33 1927, 132
34 1927, 329
35 Jahraus 2004, 114
36 1927, 132
37 1927, 307
38 1927, 144
39 1927, 178
40 1927, 167
41 1927, 277
42 Vgl. Derrida 1987/1992 besonders 25, 44,53-54.
43 GA 24, 336 ff.
44 GA 24, 365 (kursiv i. O.)
45 GA 24, 377
46 Vgl. Kisiel über die formale Anzeige in Denker (Hrsg.) 2006
47 1927, 179
48 1927, 153
49 1927, 222
50 GA 51, 2-3
51 GA 51, 20
52 GA 66, 131. (Kursivierung und Trennungsstriche hier und in allen folgenden Zitaten i. O.)
53 GA 5, 112, Siehe weiter: GA 51, 54, GA 69, 140, 168.
54 1927, 307
55 GA 69, 131
56 GA 65, 313
57 GA 65, 250
58 GA 65, 184
59 GA 65, 185
60 1927, 11
61 GA 66, 312
62 GA 24, 438
63 GA 58, 148
64 GA 58, 171
65 GA 65, 93
66 GA 65, 3
67 GA 45, 11

68 GA, 45, 47
69 GA 45, 152
69a GA 45, 153
70 GA 45, 168
71 GA 65, 258
72 GA, 45, 47
73 GA 65, 267
74 GA 65, 461
75 GA 65, 262
76 GA 65, 328; vgl. auch 247 und 461
77 GA 65, 363
78 1929/1960, 35
79 Jaspers Bericht für die Bereinigungskommission. S. Martin 1989, 191 ff.
80 Petzet 1983, 43
81 Morat 2007
82 1927, 40
83 1929, 26
84 1929, 32
85 1929, 47
86 1929, 52
87 1929, 146
88 1929,149
89 1929, 184
90 1929, 194
91 1929, 207
92 1929/1960, 21
93 1929/1960, 8
94 1929/1960, 43
95 1929/1960, 26
96 GA 23, 24; siehe auch 27
97 1929/1960, 28
98 1929/1960, 45
99 1929/1960, 33
100 1929/1960, 23
101 1935, 32 [Auf die *Einführung in die Metaphysik* wird in diesem Kapitel mit der Jahreszahl der Vorlesung [1935] hingewiesen.]
102 1935, 28
103 1935, 10
104 1935, 142
105 1935, 34
106 1935, 15
107 1935, 4
108 1935, 106
109 1935, 92
110 1935, 89
111 1935, 111
112 1935, 102
113 1935, 115.
114 1929/1960, 21
115 Horkheimer 1967 [*Zur Kritik der instrumentellen Vernunft*]
116 1935, 120
117 1935, 123
118 1935, 136
119 1935, 135
120 1933/1983, 13
121 Nietzsche [1936/1940 – 1961, I], 10
122 Müller-Lauter 2000, 17
123 GA 1, 56 und Sluga 2005
124 Kommerell 1967, 405
125 Meyer 2005
126 Heidegger 1934/1998 [GA 38] 76
127 Siehe Ott 1988.
128 Deutsche Übersetzung: *Heidegger und die Einführung des Nationalsozialismus in die Philosophie*. Berlin 2008.
129 In: Martin 1989, 177
130 In Martin 1989, 178 ff.
131 In Martin 1989, 184 - 185
132 Schneeberger 1962, 148-150
133 Schneeberger 1962, 48
134 Alle Daten nach Ott 1988, 136
135 Schneeberger 1962, 206
136 Heidegger hatte dem Interview nur zugestimmt unter der Bedingung, dass es erst nach seinem Tod veröffentlicht würde.

[137] Jaspers' Gutachten für die Bereinigungskommission. Ott 1988, 232
[138] Gerhart Schmidt 1989, 58
[139] Siehe dazu auch Prauss 1988
[140] 1983a, 30
[141] 1983a, 23
[142] 1983a, 24
[143] Farias1989, Kap. 14
[144] Heidegger 2005
[145] Franzen 1988
[146] 1933/1983, 18
[147] Pöggeler 1985
[148] GA 36/37, 194
[149] 1933/1983, 13
[150] GA 16, 184
[151] GA 38, 76
[152] GA 36/37, 89
[153] Pöggeler 1988, 41
[154] Brief an Jaspers vom 1. Juli 1935.
[155] Farías 1989, 153-154.
[156] Arendt, Brief an J. Glenn Gray vom 25.03.1967.
[157] Schneeberger 1962, 181
[158] 1949/1994, 27
[159] Schneeberger 1962, 135
[160] 1961b, 4
[161] Löwith 1940/1986, 57
[162] Schneeberger, 1962, 150 (kursiv i. O.)
[163] GA 16, 285-286
[164] 1947, 19
[165] Brief vom 25. Mai 1932 an Elisabeth Blochmann
[166] Zitiert nach Martin1989, 179
[167] 1947, 38
[168] 1947, 44
[169] 1947, 5
[170] 1947, 32-33
[171] Erscheinungsdaten und -orte sind im Literaturverzeichnis vermerkt.
[172] 1950, 8 (Alle Zitate nach der Ausgabe von 1957)
[173] 1950, 14
[174] 1950, 23
[175] 1950, 28
[176] van Reijen 2008
[177] 1950, 31
[178] 1962/1989, 25
[179] 1962/1989, 31
[180] 1950, 44
[181] 1950, 36
[182] 1950, 35
[183] 1950, 37
[184] 1950, 51
[185] 1950, 60
[186] 1950, 63
[187] 1950, 32
[188] 1950, 37
[189] 1950, 29
[190] 1931-1932/1989, 12
[191] 1936/1937,1951, 32
[192] 1966/1975, 678
[193] 1951, 7
[194] 1934/35, 1980, 287, 220
[195] Lefort 1981
[196] 1934/35, 1980, 6
[196a] 1934/35, 1980,6
[197] 1934/35,1980, 222
[198] 1941/42, 1982, 143
[199] 1941/42, 1982, 136
[200] Siehe Morat 2007, 186 ff.
[201] 1934/35, 1980, 117
[202] Szondi 1970, 156
[203] 1936/1937,1951, 34
[204] 1934/35, 1980, 4
[205] 1934/35, 1980, 121
[206] Hölderlin; *Sophokles*
[207] Hölderlin *Brod und Wein*
[208] 1934/35, 1980, 189-190
[209] 1936/1937,1951, 42

210 1934/35, 1980, 195
211 1934/35, 1980, 290
212 van Reijen 1998, Kap. 5 »Gelassenheit und Warten«
213 1934/35, 1980, 290 - 291
214 1941/42, 144
215 1941/42, 145
216 1941/42, 131
217 Jonas 1934/1988, 116
218 1941/42, 181
219 1941/42, 134
220 1941/42, 141
221 1941/42, 91
222 1941/42, 133
223 Derrida 1987/1992
224 1962, 5
225 van Reijen 1998, Kap. 5
226 Pöggeler 1999, 217.
227 1962, 10-11
228 Ich erinnere hier an den Abschnitt über Nietzsche in Kap. 5.
229 1962, 12
230 1962, 14
231 1962, 20
232 1962, 23
233 1962, 40
234 2003, 278
235 Pauen 1994
236 Rentsch 2003
237 1959b, 191
238 1959b, 196
239 1929/1960, 51
240 1947, 42 [GA 9, 358]
241 1927, 273
242 1927, 164
243 Zitiert bei Heidegger 1934/35/1980, 68 -71
244 1934/35/1980, 70
245 1959b, 16
246 1959b, 22
247 1947, 5
248 alle 1959b
249 1959b, 159, 176
250 1947,7
251 1947, 9; 1959b, 90, 166
252 1959b, 24
253 1959b, 24-25
254 1959b, 25
255 1959b, 30
256 1959b, 12, 20, 28
257 1959b, 13
258 1959b, 176, 184
259 1959b, 29
260 1959b, 21
261 1959b, 30
262 1959b, 11
263 1929/1960, 51
264 1959b, 194
265 1934/35, 184
266 1959b, 173, 186

Literaturverzeichnis

GA = Martin Heidegger: *Gesamtausgabe*, Frankfurt/M. 1975 ff.

Quellen

Heidegger, M. (1919/20; 1992) *Grundprobleme der Phänomenologie.* Frankfurt/M.

Heidegger, M. (1922/2005) *Phänomenologische Interpretationen zu Aristoteles* (Anzeige der hermeneutischen Situation), GA 62, S. 343-415

Heidegger, M. (1927) *Sein und Zeit.* Tübingen

Heidegger, M. (1928/1978) *Metaphysische Anfangsgründe der Logik*, GA 26

Heidegger, M. (1929) *Kant und das Problem der Metaphysik.* Frankfurt/M.

Heidegger, M. (1929/1960) *Was ist Metaphysik?* Frankfurt/M.

Heidegger, M. (1931-1932/1989) *Vom Ursprung des Kunstwerks*, in: *Heidegger Studies* Vol. 5 (1989), S. 5-22 (»Erste Ausarbeitung«)

Heidegger, M. (1931/32; 1988) *Vom Wesen der Wahrheit*, GA 34

Heidegger, M. (1933/1983) *Die Selbstbehauptung der deutschen Universität*, Frankfurt/M.

Heidegger, M. (1933/34; 2001) *Sein und Wahrheit*, GA 36/37. Darin: *Vom Wesen der Wahrheit* (Vorlesung WS 1933/34), S. 83-264

Heidegger, M. (1934/ 1998) *Logik als die Frage nach dem Wesen der Sprache*, GA 38

Heidegger, M. (1934) Schöpferische Landschaft. Warum bleiben wir in der Provinz?, in: G. Schneeberger 1962, S. 216-218

Heidegger (1934/35; 1980) *Hölderlins Hymnen ›Germanien‹ und ›Der Rhein‹*, GA 39

Heidegger, M. (1935/1953) *Einführung in die Metaphysik.* Tübingen

Heidegger, M. (1936/40-1961) *Nietzsche.* Pfullingen

Heidegger, M. (1936/1937,1951) *Hölderlin und das Wesen der Dichtung.* In: Heidegger (1951) S. 31-45

Heidegger, M. (1936/38; 1989) *Beiträge zur Philosophie.* (*Vom Ereignis*), GA 65

Heidegger, M. (1937/38; 1984) *Grundfragen der Philosophie. Ausgewählte ›Probleme‹ der ›Logik‹*, GA 45

Heidegger, M. (1938/39; 1997) *Besinnung*, GA 66

Heidegger. M. (1938/40; 1998) *Die Geschichte des Seyns*, GA 69

Heidegger, M. (1941/1981) *Grundbegriffe*, GA 51

Heidegger, M. (1941/42/1982) *Hölderlins Hymne ›Andenken‹*, GA52

Heidegger, M. (1945) *Das Rektorat 1933/34 – Tatsachen und Gedanken*, in: Heidegger 1983a

Heidegger, M. (1946) Der Spruch des Anaximander. In: Heidegger (1957c) S. 296-343

Heidegger, M. (1947) *Über den Humanismus.* Frankfurt/M.

Heidegger, M. (1949/1994) *Bremer und Freiburger Vorträge*, GA 79
Heidegger, M. (1951) *Erläuterungen zu Hölderlins Dichtung*. Frankfurt/M.
Heidegger, M. (1954) *Vorträge und Aufsätze*. Pfullingen
Heidegger, M. (1954 a) Moira. In: Heidegger (1954) S. 251 - 256
Heidegger, M. (1957) *Der Satz vom Grund*. Pfullingen
Heidegger, M. (1957 a) *Identität und Differenz*. Pfullingen
Heidegger, M. (1957 c) *Holzwege*. Frankfurt/M. Darin: *Die Zeit des Weltbildes* (S. 69-104) und *Der Ursprung des Kunstwerkes* (S. 7-68)
Heidegger, M. (1959 a) *Gelassenheit*. Pfullingen
Heidegger, M. (1959 b) *Unterwegs zur Sprache*. Pfullingen
Heidegger, M. (1961 b) *Was heißt denken?* Tübingen
Heidegger, M. (1962) *Die Technik und die Kehre*. Pfullingen
Heidegger, M. (1962/1969) *Zeit und Sein*. In: Heidegger (1969) S. 1-25
Heidegger, M. (1962/1989) *Aufenthalte*. Frankfurt/M.
Heidegger, M. (1963/1969) Mein Weg in die Phänomenologie, in: Heidegger (1969) S. 81-90
Heidegger, M. (1966/1976) »*Nur noch ein Gott kann uns retten.*« (Interview vom 23. Sept. 1966), in: *Der Spiegel*, 30. Jg., Nr.23 v. 31. Mai 1976, S. 193-219 (Zitate nach dieser Ausgabe) (auch in GA 16, 652-683)
Heidegger, M. (1969) *Zur Sache des Denkens*. Tübingen
Heidegger, M. (1983) *Denkerfahrungen*. Frankfurt/M.
Heidegger, M. (1983a) *Die Selbstbehauptung der deutschen Universität. Das Rektorat 1933/34*. Frankfurt/M.
Heidegger, M. (2000) *Reden und andere Zeugnisse eines Lebensweges*, GA 16
Heidegger, M. (2005) *Mein liebes Seelchen! Briefe Martin Heideggers an seine Frau Elfride 1915-1970*. Hg. und kommentiert von Gertrud Heidegger. München
Lefort, C. (1981) *L'Invention démocratique*. Paris
Nietzsche, F. (1980) *Sämtliche Werke. Kritische Studienausgabe*. München

Sekundärliteratur

Adorno, Th. W. (1964) *Jargon der Eigentlichkeit*. Frankfurt/M.
Adorno, Th. W. (1970) *Ästhetische Theorie*. Frankfurt/M.
Amato, M. u. a. (2007) *Heidegger à plus forte raison*. Paris
Angehrn, E. (2003) Kritik der Metaphysik und der Technik, in: Thomä (2003), S. 268-279
Blumenberg, H. (1966) *Die Legitimität der Neuzeit*. Frankfurt/M.
Bühler, K. (1934) *Sprachtheorie*. Jena
Denker, A. u. a. (Hg.) (2005) *Heidegger und Nietzsche*. (Heidegger-Jahrbuch 2) Freiburg i. Br.
Denker, A. (Hg.) (2006) *Heidegger und die Logik*. Amsterdam

Derrida, J. (1967/1976) *Die Schrift und die Differenz.* Frankfurt/M.

Derrida, J. (1972/1976) *Randgänge der Philosophie.* Frankfurt/M.

Derrida, J. (1987/1992) *Vom Geist. Heidegger und die Frage.* Frankfurt/M.

Dreyfus, H./Wrathall, M. (Eds.) (2005) *A Companion to Heidegger.* Malden, Oxford

Ebeling, H. (1990) *Heidegger. Geschichte einer Täuschung.* Würzburg

Faye, E. (2005) *L´introduction du nazisme dans la Philosophie.* Paris

Farías, V. (1989) *Heidegger und der Nationalsozialismus.* Frankfurt/M.

Faye. E. (2005) *Heidegger. L'introduction du nazisme dans la philosophie.* Paris. Deutsche Übersetzung: *Heidegger und die Einführung des Nationalsozialismus in die Philosophie.* Berlin 2008

Figal, G. (1992) *Heidegger zur Einführung.* Hamburg

Frank, M. (1983) *Was ist Neostrukturalismus?* Frankfurt/M.

Franzen, W. (1988) Die Sehnsucht nach Härte und Schwere, in: A. Gethmann-Siefert/O. Pöggeler (1988), S. 78-92

Gethmann-Siefert, A./Pöggeler, O. (Hg.) (1988) *Heidegger und die praktische Philosophie.* Frankfurt/M.

Harnack, A. von (1924) *Marcion: Das Evangelium vom fremden Gott.* Leipzig

Horkheimer, M./Adorno, Th. W. (1944/1947) *Dialektik der Aufklärung.* Amsterdam Horkheimer, M. (1967) *Zur Kritik der instrumentellen Vernunft.* Frankfurt/M.

Jahraus, O. (2004) *Martin Heidegger. Eine Einführung.* Stuttgart

Jonas, H. (1934/1988) *Gnosis und spätantiker Geist.* (Teil I – Die mythologische Gnosis) Göttingen

Jonas, H. (1993) *Gnosis und spätantiker Geist.* (Teil II – Von der Mythologie zur mystischen Philosophie) Göttingen

Jonas, H. (1991) Heideggers Gnostizismus. In: Sloterdijk, P./Macho, Th. (Hg.) *Weltrevolution der Seele.* Gütersloh. S. 339-350

Kisiel, Th. (1993) *The Genesis of Heidegger's Being and Time.* Berkeley/Los Angeles

Kisiel, Th. (2002) Heidegger's Apology: Biography as Philosophy and Ideology, in: ders.: *Heidegger's Way of Thought.* New York/London, S. 1 - 35

Kittsteiner, H. D. (2004) *Mit Marx für Heidegger. Mit Heidegger für Marx.* München

Kommerell, M. (1967) *Briefe und Aufzeichnungen,* hg. v. Inge Jens. Olten

Kremer, K. (1989) Zur ontologischen Differenz. Plotin und Heidegger, in: *Zs. f. Philos. Forschung* H. 43 (1989) S. 673-694

Lefort, C. (1981) *L'invention démocratique.* Paris

Lewy, H. (1929) *Mêthe Nêphalios.* Berlin (Phil. Diss.)

Löwith, K. (1940/1986) *Mein Leben in Deutschland vor und nach 1933.* Stuttgart

Lohmann, G. (1998) Kritische Gesellschaftstheorie ohne Geschichtsphilosophie? in: F. Welz/U. Weisenbacher (Hg.) (1998) *Soziologische Theorie und Geschichte.* Opladen/Wiesbaden

Marcuse, H. (1928/1973) Beiträge zu einer Phänomenologie des Historischen Materialismus, in: H. Marcuse/A. Schmidt (1973) S. 41-84

Marcuse, H./Schmidt, A. (Hg.) (1973) *Existenzialistische Marx-Interpretation.* Frankfurt/M.

Markschies, Chr. (2001) *Die Gnosis.* München

Marten, R. (1987) Ein rassistisches Konzept von Humanität. In: *Badische Zeitung* Nr. 293 vom 19./20. Dezember 1987

Marten, R. (1988) Heideggers Geist. In: J. Altwegg (Hg.) *Die Heidegger Kontroverse.* Frankfurt/M., S. 225-241

Martin, B. (1989) *Martin Heidegger und das >Dritte Reich<.* Darmstadt

Martin Heidegger: Innen- und Außenansichten. Herausgegeben vom Forum für Philosophie. Frankfurt/M., 1989

Merker, B. (1989) Konversion statt Reflexion. Eine Grundfigur der Philosophie Martin Heideggers. In: *Martin Heidegger: Innen- und Außenansichten,* S. 215-243

Meyer, K. (2005) Denkweg ohne Abschweifungen, Heideggers Nietzsche-Vorlesungen und das Nietzsche-Buch von 1961 im Vergleich. in: A. Denker u.a. (2005), S. 132-156.

Mörchen, H. (1981) *Adorno und Heidegger,* Stuttgart

Morat, D. (2007) *Von der Tat zur Gelassenheit.* Göttingen

Müller-Lauter, W. (2000) *Heidegger und Nietzsche.* New York.

Noller, G. (Hg. 1967) *Heidegger und die Theologie.* München

Ott, H. (1988) *Martin Heidegger. Unterwegs zu seiner Biographie.* Frankfurt/M.

Pauen, M. (1994) *Dithyrambiker des Untergangs.* Berlin

Petzet, H. (1983) *Auf einen Stern zugehen.* Frankfurt/M.

Pöggeler, O. (1963) *Der Denkweg Martin Heideggers.* Pfullingen

Pöggeler, O. (1985) »Den Führer führen?« Heidegger und kein Ende. in: *Philosophische Rundschau* 32, 26-67

Pöggeler, O. (1988) Heideggers politisches Selbstverständnis. In: A. Gethmann-Siefert/O. Pöggeler (Hg.) *Heidegger und die politische Philosophie.* Frankfurt/M. 1988,

Pöggeler, O. (1999) *Heidegger in seiner Zeit.* München

Prauss, G. (1988) Heidegger und die Praktische Philosophie. in: A. Gethmann-Siefert/O. Pöggeler (1988) S. 177-190

Reijen, W. van (1998) *Der Schwarzwald und Paris.* München

Reijen, W. van (2004) Heideggers ontologische Differenz. Der fremde Unterschied in uns und die Inständigkeit im Nichts. in: *Deutsche Zeitschrift für Philosophie.* 52. Jg. 4 (2004) S. 519-539

Reijen, W. van (2006) Heideggers Revolution. in: T. Korta/M. Hofmann/S. Niekisch (Hg.) (2006) *Culture Club II.* Frankfurt/M. S. 61-89

Reijen, W. van (2008) *Passagen und Tempel*, in Witte (2008, i.E.)

Rentsch, Th. (2003) ›Sein und Zeit‹ in: Thomä (2003), S. 51-80

Rudolph, K. (1978) *Die Gnosis.* Göttingen

Sallis, J. (Ed. 1993) *Reading Heidegger.* Bloomington

Schmidt, G. (1989) Heideggers philosophische Politik. in: Martin (Hg. 1989), S. 51-61

Schneeberger, G. (1962) *Nachlese zu Heidegger.* Bern

Segal, R. A. (Hg.) (1995) *The Allure of Gnosticism.* Chicago/La Salle

Sluga, H. (2005) Heidegger's Nietzsche. in: Dreyfus/Wrathall (2005), S. 102-120

Stegmaier, W. (2003) Auseinandersetzung mit Nietzsche I, in: Thomä (2003), S. 202-210

Szondi, P. (1970) *Hölderlin-Studien.* Frankfurt/M.

Taminiaux, J. (1993) *The Origin of the »Origin of the Work of Art«*, in: Sallis (1993), S. 392-404

Taubes, S. A. (1954) The Gnostic Foundations of Heideggers Nihilism, in: *The Journal of Religion*, Vol. 34 (July 1954) Nr. 3, S. 155-172

Taureck, B. (Hg.) (2008) *Politische Unschuld?* München

Thomä, D. (1990) *Die Zeit des Selbst und die Zeit danach.* Frankfurt/M.

Thomä, D. (Hg.) (2003) *Heidegger-Handbuch.* Stuttgart

Trawny, P. (2003) *Martin Heidegger.* Frankfurt/M./New York

Witte, B. (Hg.) (2008) *Topographien der Erinnerung.* Würzburg

Young, J. (2001) *Heidegger's Philosophy of Art.* Cambridge

Zimmermann, M. E. (2005) Die Entwicklung von Heideggers Nietzsche-Interpretation, in: Denker (2005) S. 97-116.

Personenregister